30년 교육 경험이 청소년의 롤 모델!!

자녀
코칭가이드

꿈이룸코칭

30년 교육 경험이 청소년의 롤 모델*!!*

자녀 코칭가이드

꿈이룸코칭

초판1쇄   2023년 5월 30일

지은이   김성범

편집디자인 뉴젠아카데미

발행인   이규종

발행처   엘맨
          서울특별시 마포구 신수동 448-6
          TEL : 02-323-4060, 02-6401-7004
          FAX : 02-323-6416
          E-mail : elman1985@hanmail.net
          www.elman.kr

출판등록 제 10호-1562(1985.10.29.)

값 14,000원

ISBN 978-89-5515-058-2(03230)

30년 교육 경험이 청소년의 롤 모델!!

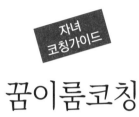

꿈이룸코칭

김 성 범 지음

엘맨
하나님의 사람을 만들어 가는 E L M A N

석 정 문

GO Thrive Coaching 국제대표,
미국 미드웨스턴 침례신학대학원 목회코칭 교수

"청소년의 삶을 변화시키기에 충분한 책"

김성범 소장님은 동기 부여 강사로, 지난 30년간 청소년, 교직원 및 부모들을 위해 다양한 교육을 해 오신 분이십니다. 그러던 중 금번 청소년을 대상으로 어릴 적부터 미래 인생의 성공의 꽃을 피울 수 있는 비결을 가르쳐 주기 위해 「꿈이룸코칭」 이라는 책을 썼습니다.

이 책은 청소년들이 어린 시절부터 자신에게 주신 10-20년 후의 비전과 성경적인 핵심 가치들, 그리고 미래에 성취할 주님이 주신 목표를 설정하도록 도울 뿐만 아니라, 어릴 때부터 시간관리, 재정관리, 습관형성, 코칭대화, 학습태도 만들기 그리고 부모님께 효도하기 등 코칭 가이드를 받아 이 시대에 3% 안에 들어가는 리더로 세움 받을 수 있게 할 것입니다.

특히 학부모들이 먼저 이 책을 읽고, 연구하고, 자신의 삶에 적용하면 놀라운 변화를 경험하게 될 것입니다. 그리고 그 변화의 힘이 청소년들에게 영향을 주어 함께 동반 성장하는 기회가 될 것입니다.

본인은 지난 15년간 미국에서 목회를 했고, 그 후 25년째 미국과 한국에서 목회자와 선교사를 대상으로 멘토링과 코칭을 하고 있습니다. 초기에 티칭도 했고, 디사이플링도 했지만, 코칭이야말로 나를 바꾸고 세상을 바꾸는 위대한 도구 중 하나라고 생각합니다. 바라기는 이 시대의 목회자와 선교사들이 그들이 속한 기관이나, 그 조직에 속한 청소년들을 대상으로 이 책을 활용하면 놀라운 변화와 변혁의 경험을 하게 될 것입니다.

신 이 철

박사, 한국 크라운 재정사역 대표

좋은 책이란 책을 읽는 사람에게 스스로 생각하도록 도전하고 분별하여, 자신을 돌아보게 하는 힘을 지닌 책입니다. 이러한 점에서「꿈이룸코칭」은 저자의 30년에 걸친 청소년교육, 교사교육, 부모교육 현장에서 경험한, 다양한 사례들을 바탕으로 한 실천 훈련교재입니다. 청소년들이 그 시기에 꼭 배우고 실천해야 할, 매우 중요한 삶의 태도와 행동들을 배울 수 있도록 하였습니다. 어떻게 동기 부여를 할 것인지에 대한 구체적인 방법론을 주제별로 성경 말씀과 더불어 잘 정리하여, 청소년을 둔 가정의 부모님들이나 교회의 주일학교 교사, 혹은 청소년 지도자들이 쉽게 적용할 수 있도록 구성되어 있습니다.

청소년은 가정의 미래이며, 교회와 국가의 미래이기도 합니다. 이 귀한 저서가 이 땅의 청소년들을 바로 세워 주님의 나라에 착하고 충성된 청지기로, 주님께 영광을 돌리는 군사들을 양육하는데 크게 기여할 수 있기를 기대하며 추천합니다.

청소년은 미래의 희망이고 나라의 아름다운 보배입니다. 우리 아이들이 올바른 꿈과 미래의 삶을 실현하기 위해서는 사회 구성원들의 적극적인 지지와 응원이 필요합니다. 특히 아이들의 성장기에는 가까이에 있는 학부모와 선생님들의 역할이 매우 중요하다고 볼 수 있습니다.

「꿈이룸코칭」의 저자 김성범 소장님은 전국학교운영위원연합회와 청소년 교육활동을 위해 일을 해 왔으며, 청소년교육, 학교 교직원교육, 부모교육 등 30여 년간의 다양한 교육활동을 하신, 이 분야에 풍부한 경험을 가진 최고의 전문가이십니다. 또한 청소년의 생명을 살리는 동기부여코칭 선생님으로도 잘 알려져 있습니다.

우리 청소년들에게 꼭 필요한 것은 동기부여라고 생각합니다. 많은 강사들이 꿈과 비전강의, 진로코칭은 하지만, 우리 아이들의 자발적인 동기부여를 시키는데, 어려움을 느끼고 있습니다. 하지만 김성범 소장님의 「꿈이룸코칭」을 읽어본 저는 '아! 이렇게 쉽게 우리 아이들의 마음을 헤아려 코칭을 하면 되었을 텐데…' 하는 탄식의 외침이 나왔습니다.

금번 출간되는 자녀 코칭가이드 「꿈이룸코칭」은 코칭의 정석이라 할 수 있으며, 초, 중, 고등학생을 둔 학부모나 학생을 가르치시는 선생님들이 꼭 읽어야 할 도서로 추천합니다.

김 태 권

목사, 청소년 구원캠프(불광동 팀 수양관)

교육의 목표는 '지속' 가능한 '바람직한 변화'입니다. 그러나 성경이 말씀하고 있는 '교육' 그리고 그 '변화'는 새 생명으로의 '거듭남'이 전제가 되어야 합니다. 그렇기 때문에 '진정한 변화'는 세상의 교육과는 질적으로 다를 수밖에 없습니다. 교육과 훈련으로 '염소를 양이 되게 하겠다.'는 것은 표면적으로는 되겠지만, 근원적으로는 되지 않음에도 굳이 그렇게 만들겠다고 하는 것이 오늘날의 교육이기에 그저 안타까울 따름입니다. 이 현상을 직시하고 있는 김성범 소장의 학습자 중심의 전인 교육과 현장에서 체득한 탁월한 교육 방법에 선배 중 한 사람으로서 깊은 찬사를 보냅니다. 김 소장님의 이 사역에 주님께서 함께하시길 간곡한 마음으로 기도합니다.

윤 광 열

요셉국제학교 대표,
미드웨스턴 신학대학원 교육목회학 박사

다음 세대 코칭 전문가인 김성범 소장을 만난 것은 본인에게 큰 축복이
자 위로였습니다. 2013년 기독교학교를 설립하여 운영을 막 시작했을 때,
김성범 소장은 마치 가뭄에 단비가 내리듯 청소년들에게 미래의 꿈과 희
망을 전하는 전도사였습니다. 김성범 소장은 약 10년 동안 본인이 설립한
요셉국제학교에서 청소년들을 코칭 하면서 수많은 변화와 가능성을 보여
주었습니다. 그 이야기와 흘린 눈물은 써도 써도 끝이 없는 하나의 작은
역사와도 같습니다.

이번에 30년 교육현장의 경험을 바탕으로 청소년 코칭 노하우를 알리
고자 출판한 「꿈이룸코칭」 시리즈는 꿈을 상실한 다음 세대를 살리는 또
하나의 마중물이 될 것입니다. 그러므로 김성범 소장과 함께 다음 세대를
살리기 위해서 교육 현장에서 사역하는 교육전문가로서 본서를 적극 추
천하는 바입니다. 아울러 「꿈이룸코칭」 을 통해서 한국 교회와 학교, 학
원, 교육 현장에 4차 산업혁명 시대를 준비할 요셉과 같은 놀랍고 창의적
인 꿈쟁이들이 무수히 일어나기를 기대해봅니다.

들어가며

   청소년들에게 동기부여를 하다 보면 예화가 매우 필요하다. 예화는 분위기를 집중시키는데 유용하다. 또한 예화는 그 종류도 다양하다. 핵심 역량을 키울 수 있는 예화, 리더십을 키울 수 있는 예화, 그리고 꿈과 목표를 갖게 하는 예화, 학습 동기 유발 예화 등이다.

   동기부여는 청소년뿐만 아니라, 어른들 교육 시에도 매우 유용하다. 필자는 30여 년간, 청소년교육, 학교 교직원교육, 부모교육 등 다양한 교육을 해오고 있다. 이때마다 느끼는 것은 선생님들마다 자질이 천편일률적이구나! 하는 생각이 들곤 한다. 그리고 청소년교육에 몰입하다 보면 시간 가는 줄을 모른다. 특히 재미있는 강의는 웃다 보면 시간이 다 간다. 하지만 졸려서 듣기 힘든 강의도 물론 있다. 강사들의 강의 중에 재미있는 강의를 분석해보면 핵심 내용은 그리 많지 않다. 핵심 내용을 부연하기 위해 예화를 활용한다는 것을 느끼게 된다.

   작금에 청소년들의 교육을 이끌다 보면 그들은 오늘도 당연히 재미없고, 예전 교육이나 다름없겠지 생각한다. 하지만 필자의 강의는 잠자는 것은 절대로 용납이 안 된다. 300여 명의 학생이 있어도 맨 끝에 있는 학생까지도 졸지 않고 집중한다. 이유는 무엇일까?

한번은 녀석들이 "오늘 대충 하시죠? 그리고 잠 좀 잡시다." 능청을 또는 것이다. 하지만 녀석들의 마음속이 훤히 들여다보이지 않는가. "알았어! 오늘 재미가 없으면 선생님 밥줄, 마이크를 놓겠다." "정말이죠?" "그래 하지만 이야기 하나만 하고 가자." 하면서 녀석들을 몰입시킨다. 물론, 준비된 강의 내용은 예화 속에 다 숨어있기 때문이다. 녀석들! 끝날 때 즈음 재미있었느냐고 물어보면 "선생님 재미있었습니다. 짱이에요! 많은 것을 깨달았습니다. 감사합니다." 를 난발한다. 그렇다고 녀석들이 완전히 바뀌는 것은 아니다. 강의가 재미있고 졸리지 않으면 되지 않겠는가? 결국 배운 내용이 아이들의 기억 속에 남아있는 것은 예화뿐일 것이다. 동기부여 예화는 기억 속에 남아있기 마련이다.

청소년 코칭 가이드 '꿈이룸코칭'

　청소년의 생명을 살리는 '동기유발 코칭가이드 꿈이룸코칭' 멘토 모두에게 선물하고 싶다. 멘토는 필독서 한 권이면, 청소년과 가까워질 수 있고, 그들의 마음을 헤아릴 수 있다. 또한 그들에게 꿈도 심어 줄 수 있다. 이렇듯 청소년 시기에는 훌륭한 롤 모델을 만나야 한다. 그들에게 꿈과 희망을 주게 될 코칭가이드 '꿈이룸코칭', 부모님과 여러 교육현장에서 수고하시는 선생님들께 선물한다. 그리고 이 책이 나오기까지 물심양면으로 도움주신 모든 분들께 바칩니다.

동기부여 5원칙

1원칙 : 시선 vs 집중
코칭 선생님이 '시선'을 외치면 아이들은 '집중'을 외치도록 교육합니다.
이렇게 해서 선생님과 칠판에 집중할 수 있는 분위기를 만듭니다.
(집중의 예 : 칠판에, 선생님에, 공부에, 꿈에, 하는 일에)

2원칙 : 인사 vs 예절
코칭 선생님이 '인사'를 외치면 아이들은 '예절'을 외치도록 교육합니다.
'내가 먼저' 인사하기를 강조하여, 서먹서먹한 분위기를 밝은 분위기로
바꾸어 놓습니다. 나아가 악수하는 방법 등을 알려주며, 분위기를 더욱
고조시킬 수 있습니다.

3원칙 : 박수 vs 참여
코칭 선생님이 '박수'를 외치면 아이들은 '손뼉'을 치도록 교육합니다.
박수치는 이유를 구체적으로 알게 하여 분위기를 한층 더 끌어 올릴 수
있습니다.

4원칙 : 자신감 vs 준비성
코칭 선생님이 '앞으로'를 외치면 지목받은 아이가 앞으로 '나오도록' 교육
합니다. 여러 사람 앞에 서보는 체험을 반복하며 자신감을 갖게 합니다.

5원칙 : 행동은 vs 그 즉시
코칭 선생님이 '행동은'을 외치면 아이들은 '그 즉시'를 외치도록 교육합
니다. 대부분의 사람들은 감동을 받고 돌아서면 그뿐, 행동으로 옮기지
않습니다. 위 원칙을 반복하여 행동의 체질화 되도록 지도합니다.

※ 집중, 예절, 참여, 준비성, 그즉시 등은 아이들이 복창하도록 합니다.

이 책을 활용하는
독특한 사용법

1. 동기부여 5원칙을 교육할 때마다 설명해주고 반복·복창하게 합니다.

2. 아이의 생각이 기대치에 못 미쳐도
   그래 지금은 20%, … 오! 이제 50% 조금만 더, … 와우! 70%,
   박수 ~~
   긍정적인 방식으로 호응하며 사기를 올려 줍니다.

3. 퀴즈의 정답을 유도하며 초성으로 힌트를 주어 생각의 폭을 넓혀 줍니다.

4. 한 단원이 끝나면 반드시 '한 줄 내 생각'을 짧은 글로 정리하게 해줍니다.
   그리고 자신이 정리한 글을 발표하도록
   지도자는 아이에게 다가가 '손 마이크'를 대 줍니다.
   그리고 '오 좋은 생각!'하며 칭찬해 줍니다.

5. 아이들이 앞에 나와서 발표할 때는,
   태도와 인사법, 목소리 크기, 시선 처리를 잘하도록 세심하게 지도합니다.

6. 발표를 마치면 아이에게 열정 포인트(스티커)를 주어 기를 살려 줍니다.
   포인트가 쌓여 시상으로 이어지면 교육의 효과가 크게 드러날 수 있습니다.

추천사 ··· 5
들어가며 ··· 5

하나
작은 것을
칭찬하라

여는 페이지-소장님, 우리 학교에 와주세요! ··· 22
1. 창공의 독수리 ··· 25
2. 모든 것을 받아주는 바다 ··· 32
3. 대중 앞에서 칭찬하기 ··· 38

둘
버리면서
채워가기

여는 페이지-지혜로운 엄마는 스트레스 안 받아요.··· 48
1. 단점이 커? 장점이 커? ··· 51
2. 작심삼일 백 번이면 작심 일 년 ··· 58
3. 삼각지 국숫집 할머니 ··· 67

셋
향기 나는
곰팡이?

여는 페이지-잃어버린 우산, 엄마가 책임져! ··· 79
1. 왜를 찾는 주인공 ··· 81
2. 나를 향한 세 손가락 ··· 89
3. 꿈꾸는 물고기, 바다도 좁다 ··· 95

넷
화법을 동기
부여 하라

여는 페이지-수민이의 꿈 ··· 107
1. 사업가로 불리는 거지 ··· 109
2. 수동의 반대말이 자동이 아니라고? ··· 117
3. 거절보다 더 큰 힘 ··· 124

다섯
일관성의
원칙

여는 페이지-일진 쌤이 되어라 ··· 1135
1. 값이 올라가는 도자기 ··· 137
2. 돈을 몽땅 써야 부자가 된다 ··· 146
3. 언청이의 귓속말 ··· 153

여섯
습관의
힘

여는 페이지-엄마, 엄마자격증 있어요? ··· 167
1. 예습, 복습, 습관 ··· 스스로 익히는 습? ··· 170
2. 솔개의 거듭나기 ··· 176
3. 승자의 하루 25시간, 패자의 하루 20시간 ··· 184

일곱
돈을 쌓아가는
경제원칙

여는 페이지-밤늦게 만난 감동 ··· 196
1. 눈물에 젖은 통장 ··· 198
2. 바다를 닮은 큰사람은? ··· 206
3. 꿈꾸는 10만 달러 ··· 214

여덟
172
학습법

여는 페이지-나를 키워주는 네 명의 고객 ··· 224
1. 크로노스와 카이로스 ··· 226
2. 주도 학습을 하게 하라 ··· 235
3. "효"실천 이야기 ··· 244

chapter one

작은 것을
칭찬하라

▨ 작은 것부터 칭찬하기

"타인이 너를 칭찬하게 하고 네 입으로는 하지 말며, 외인이 너를 칭찬하게 하고 네 입술로는 하지 말라"(잠 27:2)는 말씀이 있습니다.

자기 PR 시대를 살다 보니, 자기 자신을 스스로 칭찬해야 할 때가 많습니다. 그러나 칭찬의 위력은 다른 사람의 입에서 나올 때, 배가 되기 마련입니다.

아이들은 칭찬을 받으면서
 1. 심리적인 안정과
 2. 긍정적인 태도를 키워가게 됩니다.
 3. 아이가 문제를 풀어가는 도중에 기대치 20%의 답변을 할 때,
    비록 20%일지라도 흡족해하며 '좋았어'로 반응하며
'조금만 더 생각해보자'라고 이끌어 주어 생각의 폭을 넓혀줍니다.
아이들은 반복되는 칭찬을 들으며, 자신감을 키워가게 됩니다.

공.감.대.화

| 오락이 밥 먹여주냐? | vs | 아들 덕분에 여행가겠네! |
| 엄마 때문에 하기 싫어요. | vs | 저도 엄마 마음 다 알아요. |

소장님, 우리 학교에 와주세요!

"소장님, 제발 우리 학교에 와주세요!" 경찰서 교화 교육에 참석했던 아이들이 내게 요청을 했다.

"이 특강, 학교에서 한 번 더 해주세요!" 강의가 끝나갈 때, 두 녀석이 다가와 매달렸다.

대안학교에 다니는 학생들이었다.

그들은 학교에서 흡연, 선생님께 대들기, 폭력 등을 일삼다가 벌점이 누적되어 교화 교육을 받고 있었다.

나는 교화 강사로 매주 월요일과 수요일 오전에 경찰서를 찾아가서 아이들을 만났다.

'오늘은 또 어떤 아이들이 와있을까? 또 몇 명일까?'를 떠올리며 강의실에 들어선다.

아이들은 책상에 머리를 박고 엎드려 잠을 자는 게 일상사다.

"얘들아! 고개를 들어보자. 소장님이 여러분들을 환영한다"고 말을 건네도 아이들은 강사의 간을 보며 "졸려요 대충하시죠?"라며 심드렁하게 대꾸할 뿐이다.

그러면 나는 "알았어. 대충하지 뭐, 그 대신 소장님의 체면도 좀 세워주라… 큰 부탁은 아니고 네 가지만 지켜줘. 그리고 소장님은 이제껏 내 강의 시간에 잠자는 친구 한 명도 못 봤어. 만약 잠자는 친구가 있으면 내 능력이 없는 것이니까 마이크를 내려놓을게"라고 어르며 아이들에게 다가간다.

"어이, 친구! 친구는 왜 여기 왔나? 폭력?… 어이구, 흡연이구나. 소장님도 중3 때 담배를 피웠어… 15년 전에 끊었지만 말이다. 너는 또, 선생님께 대들었구나? 소장님도 중2 때 영어를 포기했어. 짜식들. 그래 너희들 입장 안다." 이렇게 아이들과 동기부여 프로그램을 시작한다.

아이들의 마음을 헤아리며 교훈을 심어주는 '꿈 교육'을 시작하는 것이다.

이 아이들은 또래보다 사회를 조금 먼저 안 것뿐인데, 사회가 그들에게 혹독한 잣대를 들이대는 것이다.

어느 사회나 질서유지를 위한 법이 있듯이, 학교 또한 교칙이 있기 마련이다.

그런데 간과하지 말아야 할 점이 있는데, 그것은 교칙이다. 교칙은 엄격한 적용보다 아량이 우선되어야 한다.

'아량이 없는 원칙 적용이 아이들의 반복적인 일탈로 내 모는 것 아닐까?' 생각해본다.

1
창공의 독수리

어느 날, 미국에서 한 여행가가 여행 중에 농장을 방문하며 겪은 일입니다.

그는 닭장을 들여다보다가 깜짝 놀랐습니다.
닭장에 시커먼 닭이 있었습니다.
그 닭은 유난히 컸으며 검은 날개를 갖고 있습니다.
자세히 들여다보니 그것은 미처 다 자라지 못한 독수리였습니다.

여행가는 곰곰이 생각했습니다.
독수리는 하늘 높이 날 수 있는 새인데, 왜 닭장에 갇혀있지?
그는 안타까운 마음에 농장 주인을 설득했고 독수리를 구해냈습니다.
다시 여행길에 올랐습니다.

여행가가 독수리에게 물을 먹이기 위해 물가로 데려가자
이제껏 자신을 닭으로 알고 있던 독수리는
물에 비친 자신의 모습을 보고 두려워 떨었습니다.
왜 두려워했을까요?

여정은 계속되었습니다. 깊은 계곡이 있는 산자락에 도착했습니다.
여행가는 산자락에서 독수리를 계곡 아래로 날려 보냈습니다.
독수리는 날지 않았습니다. 계곡 아래로 추락하고 있던 것입니다.
독수리는 겁에 질려 두 눈을 질끈 감았습니다.
그 때, 여행가가 큰 소리로 외칩니다.
"야, 이 멍청아! 너는 독수리야! 닭이 아니야! 날개를 펴!"

독수리는 얼떨결에 날개를 펴고 펄럭였습니다.
독수리는 하늘 높이 솟구칠 수 있었습니다.

1) 이야기 풀어가기

이야기를 읽은 후, 지도사(리더)가 아이들에게 묻습니다.

Q1. 독수리는 자신을 누구라고 알고 있었지?

Q2. 독수리는 물에 비친 자기 모습을 보고 왜 놀랐지?

Q3. 독수리는 어떻게 해서 날 수 있었지?

질문을 던진 후, 잠시 반응을 보며, 손을 든 아이부터 자기 생각을 말하도록 이끕니다.

- 처음에는 익숙하지 않아 손들기를 주저할 수도 있습니다.

  하지만 나아질 수 있습니다.

- 미흡한 답이 나오더라도

"그래 좋았어! 조금만 더 생각해봐! OK! 훨씬 더 좋아졌어,

  이제 70%, 박수 ~~"

등의 반응을 보여주며 아이들의 사기를 끌어올려 줍니다.

Q4. 여러분은 누가 꺼내줄 수 있나요?

- 이때 다양한 답이 나올 수 있습니다.

  여행가가, 선생님이, 부모님이, 책이, 예수님이 …

- 중요한 것은 '꿈'이라고, "꿈이 꺼내 준다"고 알려줄 수도 있습니다.

Q5. 여러분!

닭장 속에 갇힌 독수리가 되고 싶어요? (아니요~)

하늘 높이 나는 멋진 독수리가 돼야겠죠? (네~)

- 격려를 해주고 큰 소리로 복창하도록 합니다.

"하늘 높이 나는 독수리가 되자!" (세 번 반복)

- 엄마와 아빠는 여러분이 하늘 높이 나는 독수리가 되기를 원하실 겁니다.

- 선생님도 여러분이 하늘 높이 나는 독수리가 되기를 원하실 겁니다.

2) 이야기 키워가기

이야기 풀어가기를 읽고 난 후, 글로 정리하게 이끌어줍니다.

(1) 닭장 속의 독수리가 스스로 나올 수 있었나요?

(2) 누가 꺼내주었지요?

(3) 우리들은 혼자 힘으로 성장할 수 있을까요?

(4) 누가 우리를 도와줄 수 있을까요?

(5) 내가 닭장 속에서 계속해서 살겠다고 고집하면 될까요?

(6) 내가 독수리처럼 하늘 높이 날려면 어떻게 하면 좋을까요?

(7) 독수리처럼 살겠다는 나의 다짐을 글로 적어봅시다.

(8) 친구들 앞에서 나의 다짐을 발표해봅시다.

3) 생각 성공미션

(1) 나를 알고 상대방을 알아야 합니다.

(2) 나에게 주어진 환경을 잘 극복해야 합니다.

(3) 창공의 독수리 교훈을 늘 생각해고 실천해야 합니다.

(4) 자신의 본분을 깨닫고 배운 내용을 잘 적용해야 합니다.

(5) 스스로를 자각하고 주도적인 행동을 해야 합니다.

우리 모두는 닭장 속의 독수리가 아닌 창공의 독수리로 살아야 합니다.

겁쟁이 기드온을 주님이 부르셨습니다.

이스르엘 성읍의 길보아 산기슭에 있는 벧산에서 서북쪽으로 13km 떨어진 하롯

샘 근처에서 기드온과 300명의 용사들이 미디안 사람과

아말렉 사람과 동방의 모든 사람들과 전쟁을 벌였습니다.

주님은 그에게 300명만 데리고 싸우라고 하셨습니다.

주님은 "누구든지 두려워서 떠는 자여든 떠나 돌아가게 하라"고 말씀하셨습니다.

주님의 명령을 따라 하롯 샘물을 손으로 떠서 핥아 먹은 용사 300명이 선발되었

고, 기드온은 그들과 함께 대승을 거두었습니다. 그렇습니다.

두려운 자는 닭장 속의 독수리로 남을 수밖에 없는 것입니다(삿 6-7장).

2
모든 것을
받아주는 바다

'바다'에 대해 떠오르는 이미지를 한 마디로 표현한다면, 여러분은 어떤 단어가 떠오르나요?

청명함, 시원함, 멋진 포말의 하얀 파도, 한여름의 해수욕장 등

밝고 긍정적인 이미지가 떠오르겠지요?

바닷가에서는 부드럽고 상쾌한 해초의 촉감을 느낄 수 있고, 달콤한 우윳빛 생굴의 맛과 느낌, 신선하게 펄떡이는 우럭을 만날 수 있습니다.

우선 한여름의 해수욕장이 떠오를 것입니다.

많은 사람들이 휴가철이면 바다를 찾습니다.

저 멀리 수평선을 배경으로 사진을 찍고 텀벙텀벙 뛰어들어 바닷바람에 머리카락을 날리며, 도시 사람들은 "넓다 상쾌하다 여름 생각이 난다" 등의 말을 할 것입니다. 지금부터 '바다의 비밀'을 벗겨 보겠습니다. 여러분

에게 묻습니다. "바다는 왜 바다일까요? 누군가 얘기했듯이 바다는 다 받아주니까 바다라고 합니까?" 웃음과 함께 공감합니다.

"여러분! 바다는 강이나 실개천보다도 위에 있을까요? 아니면 아래 있을까요."

"아래에 있습니다." 녀석들은 이구동성으로 이야기합니다. "그렇습니다. 바다는 강보다 아래쪽에 위치하고 있습니다. 만약 바다가 강보다 위쪽에 있다면 바다 역할을 할 수 있을까요?" 이쯤 되면 무슨 얘기를 하려는지 눈치를 챕니다. 사람과 연관 지어서 이야기해 보겠습니다.

"과연 큰사람(큰 그릇)은 어떤 사람일까요?"

저요, 저요! 야단들이죠. "철이 한번 얘기해 봐요." "네, 큰사람은 모든 사람을 포용하는 사람입니다." "네 맞습니다. 큰사람은 바다와 같이 오물, 강물을 다 받아주듯이 이런 사람이든 저런 사람이든 모두 포용할 줄 아는 사람일 것입니다. 나를 낮추고 상대방을 높일 줄 아는 그런 사람 말입니다. 남들을 배려하고 겸손해 할 줄 아는 그런 사람이 바다처럼 깊고, 넓은 큰사람이 아닐까요?"

"훌륭하고 덕망을 갖춘 분들은 대개 바다와 같이 깊은 마음과 넓은 가슴을 가지고 산다." 라고 말할 수 있습니다. 모든 사람을 포용할 줄 아는 그런 사람 말입니다. 막상 청소년들에게 바다의 비밀을 동기 부여하다 보면, 큰 감동과 함께 자신도 그렇게 되어야겠다고 다짐하는 것을 보게 됩니다. 녀석들은 웬만한 성품은 다 가지고 있습니다. 진정한 리더로 성장시키기 위해서는 많은 이야기를 들려주고, 자신이 미래의 주인공이라는 사실을 일깨워주고, 그렇게 살아가도록 역량을 키워주어야 합니다.

1) 이야기 풀어가기

⑴ **상대방을 칭찬하는 법을 설명하며 관심을 갖게 하고 집중하게 합니다.**

칭찬하는 방법은 여러 종류가 있습니다. 그중에 상대방 칭찬법이 있습니다. 전혀 모르는 사이라면 어색한 관계가 되기 십상입니다. 이러한 경우는 조직 간의 분위기 조성을 위해 상대방 칭찬 기법을 활용하면 좋습니다.

⑵ **상대방의 장점을 서로 찾아보게 합니다.**

이에 대한 방법은 다음과 같습니다.

첫째 : 두 명씩 짝을 짓도록 합니다.

둘째 : 상대방과 가위 바위 보로 우선순위를 정하게 합니다.

셋째 : 이긴 사람이 먼저 상대방의 이름, 나이, 가족관계, 본인의 장점, 살아온 경험 등을 질문하고 듣게 합니다.

넷째 : 리더(지도사)는 두 사람을 단상 앞으로 불러내, 가위 바위 보에서 이긴 사람부터 상대방 짝꿍을 큰 목소리로 장점과 칭찬을 곁들여 가면서, 자신감 있게 상대방을 소개하도록 이끌어줍니다.

다섯째 : 끝나고 나면 나머지 사람을 같은 방법으로 상대방을 소개하도록 이끌어줍니다.

여섯째 : 리더(지도사)는 소개를 하는 중간 중간에 박수를 유도해 냅니다.

⑶ 서로 상대방의 장점을 적게 합니다.

   (두 명씩 불러내어 상대방에 대한 칭찬 내용을 읽어주게 하고, 박수를 마음껏 치게 합니다.)

   본 프로그램을 진행하면 서먹서먹했던 분위기가 한순간에 좋아지게 됩니다. 여러분의 생각은 어떻습니까?

2) 이야기 키워가기

상대방의 장점 발견하기

가. 내가 발견한 상대방 장점 7가지	나. 상대방이 발견한 나의 장점 7가지

3) 생각 성공미션

(1) 큰 사람은 겸손하고, 나를 낮추고 상대방을 높일 줄 아는 사람입니다.

(2) 자신을 내세우지 않고, 매사에 겸손이 배어 나오는 사람이 큰사람입니다.

(3) 마음이 넓고 깊고 멋진 바다와 같은 사람이 큰 사람입니다.

(4) 상대방을 칭찬하고 상대방의 장점을 발견하는 사람이 되어야 합니다.

(5) 지금부터 좋은 관계를 지속하려면 어떻게 하면 좋을까요?
본 프로그램이 주는 교훈은 무엇이라고 생각합니까?

이야기 근거

"예수께서 대답하여 이르시되 악하고 음란한 세대가 표적을 구하나
선지자 요나의 표적밖에는 보일 표적이 없느니라"(마 12:39)
요나가 주님께 칭찬 받을 수 있었던 것은 칭찬받을 만한
자기희생의 정신이 있었기 때문입니다.

　요나는 끝내 주님께 붙들린 자로 자기희생의 대가로
주님의 칭찬을 받은 것입니다.
그러므로 상대방 칭찬을 하게 되면 나를 칭찬한 결과로 부메랑이 되어 돌아오는
것입니다.

하나, 작은 것을 칭찬하라

3
대중 앞에서
칭찬하기

많은 사람들 앞에서 칭찬을 하고 칭찬 받으면 얼마나 기쁠까요? 실상 칭찬을 주고받은 경험이 많지는 않을 것입니다. 저 역시 프로그램을 진행하면서 처음 경험해본다는 말을 자주 듣습니다.

사람들은 남의 얘기를 하기 좋아합니다. 그 얘기가 상대방에게 어떤 결과로 다가갈지는 생각도 하지 않습니다. 연못에 무심코 던진 돌에 개구리가 맞아서 죽을 지도 모르는 일입니다.

배려의 비밀

어느 날 전철을 타고 종로3가에 막 도착하려는데, 옆자리에 앉아있던 한 엄마가 초등학교 4, 5학년쯤 돼 보이는 남매를 데리고, 전철에서 성급히 내리려고 합니다. 엄마는 핸드폰으로 게임을 하고 있던 아들에게 "하마터면 너 때문에, 못 내릴 뻔 했잖아! 네가 게임을 하니까 역을 지나칠 뻔 했잖아!" 하고 다그치며 허겁지겁 내리는 겁니다. 내려서도 아들을 몰아

세웠습니다. 그 장면을 보게 된 저는 마음이 씁쓸했습니다. 아이가 뭘 그렇게 잘못했는지. 엄마는 아들에 대한 배려가 전혀 없었습니다. 자신의 탓을 아들에게 돌리다니….

이 이야기 속의 비밀은 무엇일까요?

'사과를 양손에 잡고 힘 있게 반으로 쪼개보세요' 쉽게 쪼개지지 않을 겁니다. 하지만 어렵게 반으로 쪼갰습니다. 과연 똑같은 크기로 쪼개졌을까요?

어렵게 쪼갠 사과 반쪽을 친구에게 건네줍니다.

반쪽 사과 중, 큰 것을 친구에게 주었다면 친구의 생각은 어떠했을까요?

반대로 작은 것을 주었다면 친구는 어떤 기분이 들까요? 누구나 묘한 기분이 들 것입니다.

무심코 한 행동이 상대방에 대한 배려가 될 수도 있고, 무시하는 행동이 될 수도 있습니다.

세상에서 가장 훌륭한 배려는 무엇일까요?

'내가 나 자신을 배려하는 것'입니다. 즉 상대방에 대한 배려가 곧 자신에 대한 배려가 되기 때문이지요. 이야기 속에 나오는 한 엄마가 아들을 사랑하고, 이해하는 태도를 보였더라면 그 행위가 자신에게 돌아올 터인데 말입니다.

누구나 세상에 태어나서 뜻있는 일을 해야 합니다. 세상을 멋지게 살아가야 하는 자신에게 스스로를 사랑하고, 인정해 주고, 역량을 키우기 위한 노력은 반드시 필요할 것입니다. 책도 읽고, 미래를 위해 투자하는 것이 결국 자신에 대한 배려입니다. 부모라면 누구나 자녀 스스로가 바로 서는 것을 원하실 겁니다.

1) 이야기 풀어가기

(1) 많은 사람 앞에서 칭찬을 해줍니다.

　청소년들을 대중 앞에 세우고 칭찬을 해 주게 되면 자존감이 향상됩니다. 옆에 아이가 있는 것을 알면서도, 대화하면서 자녀를 칭찬하게 되면 부모에 대한 고마움은 물론, 아이의 자존감은 높아지게 됩니다. 이러한 칭찬 방법을 적용하고자 합니다. '백문이 불여일견(百聞이 不如一見)'이라는 말이 있습니다.

(2) 칭찬 주인공의 장점 또는 한 가지 이상의 칭찬할 점을 발견합니다.

**(3) 원칙에 따라 칭찬 주인공의 장점을 찾아 준비하고 밝은 표정으로 칭찬
　　해 줍니다.**

(4) 교육 방법은

　첫째, 칭찬 주인공에 대한 몇 가지 칭찬을 준비하도록 지도합니다.

　둘째, 리더(지도사)는 칭찬 주인공으로 하여금 원칙을 선포합니다.

　　　원칙은 본인을 소개하도록 멘트하고, 이어서 "감사합니다"라는
　　　인사만을 하도록 지도합니다.

　　　모두가 룰을 이해하도록 하고, 몇 번 반복하여 보여줍니다.

　셋째, 10여 명 정도의 참가들에게 돌아가면서 칭찬을 하도록 한 후, 칭

찬 주인공으로부터 소감을 듣습니다.

넷째, 시간을 잘 안배하면서 게임하듯 진행하면 됩니다.

다섯째, 배려는 곧 칭찬입니다. 대중 앞에서의 효과는 직접 체험해본 경우에만 알 수 있습니다.

110%의 효과가 나타날 것입니다.

2) 이야기 키워가기

대중 앞에서의 칭찬법

내가 찾은 칭찬 주인공의 칭찬할 점 10가지

3) 생각 성공미션

자신과 상대방에 대한 배려와 칭찬 습관을 가지고 생활하면 좋겠습니다.

(1) 사과 반쪽에서 보았듯이 주변에서 배려할 수 있는 환경 만들기

(2) 자리를 양보하는 것, 남에게 피해 주지 않는 행위

(3) 꿈과 목표를 가지고 생활하는 것은 곧 자신을 배려하는 행위입니다.

(4) 상대방의 칭찬거리를 찾는 습관

(5) 자신을 격려하고 칭찬하는 습관도 자신에 대한 배려입니다.

이야기 근거

"형제들아 너희 가운데서 성령과 지혜가 충만하여 칭찬 받는 사람 일곱을 택하라

우리가 이 일을 그들에게 맡기고"(행 6:3)라고 말씀합니다.

그렇습니다. 칭찬은 "우울증, 질병. 가난"까지 해결해 줍니다. 칭찬 듣는 사람 일곱을 택하라고 했습니다.

칭찬의 창시자는 누구일까요? 예수님이십니다.

"대중 앞에서의 칭찬의 중요성을 가슴속 깊이 새기고, 본 단원의 칭찬법을 다음 세대에게 자주 활용하시기 바랍니다.

chapter two

버리면서
채워가기

▓▓ 버려야 채워진다

나쁜 습관을 버리고 살 수 있다면 얼마나 좋을까요?

한번 몸에 밴 습관은 버리기가 참 어렵습니다.

아니 버릴 수 없다고 단언하고 싶습니다.

어른들은 나쁜 습관을 가지고 살면서

청소년들에게 나쁜 습관을 버리라고 하는 것은 모순인 듯합니다.

그렇다면 어떻게 하는 것이 올바른 처사일까요?

그렇습니다. 내가 누구인지를 먼저 알고 좋은 습관을 찾아

나 자신을 바르게 세우고 채울 줄 알아야 합니다.

역량을 발휘하기 위해 채우는 자세는 좋은 습관입니다.

올바른 행동입니다. 바른 가치관입니다.

이 모든 것들이 나를 바로 세우는 핵심 역량인 것입니다.

올바른 핵심 역량을 채우는 것이야말로 리더로서의 역량입니다.

이렇듯 본 단원에서 다뤄야 할 내용은,

버리고 발견하고 세우고 채우는 것

이것이 우리의 덕목입니다.

공.감.대.화

넌 생일날만 사랑하지!?	-엄마 무관심이 제일 무서워요. 우리 딸 덕분에 비행기 타게 되네. -여자 친구 사귀게 해 주세요.

지혜로운 엄마는
스트레스 안 받아요

사실 아이들은 어른이 빨리 되고 싶어 합니다. 그 이유는 말하지 않아도 우리가 잘 아는 사실입니다.

부모의 잔소리가 듣기 싫고, 공부도 싫고… 그 이유는 대충 정해져 있습니다.

청소년들을 동기 부여하기 위해서는 우선 어른들의 문제점을 거론해야 합니다.

'작심삼일'이라는 주제로 교육한다고 가정하겠습니다. 처음에 아이들은 '작심삼일'을 자신들의 얘기로 받아들이지 않습니다. 어른들 역시, 무슨 일을 하기로 마음먹었는데 그 마음이 3일도 못 갑니다. 흔히 어른들은 새해가 시작되면 자기 계발을 하겠다고 마음을 굳게 먹고, 서점에 가서 책도 사고 분주합니다. 하지만 며칠 못 가서 술자리, 등산, 골프 등을 즐기면서 각종 핑계가 시작됩니다. 통계에 의하면 계획을 실천하는 데 걸림돌 방해 요소로 1위가 게으름(62.6%)이었습니다. 책을 읽으려고 펴면 졸음이 오고, TV, 게임, 술자리의 유혹을 쉽게 이겨낼 수 없었다고 합니다. 또한 시간

부족(36.9%), 경제적 어려움(34.2%), 목표의식 부재(26.4%), 넘치는 업무량 (17.0%), 정보·인맥 부족(16.4%) 순이었습니다. 이런 예를 들어 아이들에게 설명하면 '아! 그렇구나' 하고 이해하면서 자신에게 적용합니다. 그렇다면 가정에서는 동기부여를 어떻게 해야 할까요?

"엄마가 실천 내용 하나를 먼저 정하시죠?"

"할 일을 하고 노는 거요."

"네 좋습니다. 선택한 내용은 숙제를 먼저 하고 놀기를 바라는 거지요?"

그렇습니다. 어른들의 상황을 알아보면 좋습니다. 아이들은 부모의 행동을 닮는 것이 사실이니까요. 우선, 엄마의 경우 할 일을 먼저 하고 노는지를 따져 보죠.

밖에서 들어오시면

1. 설거지를 먼저 하는가?

2. 세탁기를 돌리는가?

3. 거실 청소 등을 하시는가?

4. 밥 준비를 위해 신경 쓰는가?

5. 가족의 일거수일투족을 챙기고 있는가?

등의 이야기를 아이와 나누는 것입니다.

"직장 갔다가 집에 들어오면 사실 귀찮고, 눕고 싶고, TV 보고 싶고…
다 그렇단다. 하지만 우선순위가 바뀌면 아빠한테 잔소리 듣게 되고 손님
이 오시면 낭패고, 너는 어떻게 생각하니?"

"아! 그렇군요. 이제부터라도 학교 갔다 오면 제 할 일부터 하고 놀게요."

이러면 얼마나 좋겠습니까?

가능합니다.

아이들은 부모의 잔소리보다 진지한 대화를 원합니다.

그러나 부모가 아이의 말문을 막는 것이 문제이지요.

말문을 트는 대화 방법을 연구해 보세요.

마지막 장에서 아이와 잘 소통하는 대화 방법을 알려드리겠습니다.

1
단점이 커?
장점이 커?

나의 단점과 장점은 무엇일까?

청소년들은 다짜고짜 "네 단점이 뭐야?" 하고 질문하면 말문을 닫아 버립니다. 청소년들의 마음의 문을 열기 위해서는 반드시 어른들의 단점을 먼저 꺼내야 합니다. 그런 다음에 "우리들의 단점은 있을까?" 하고 질문해야 부담 없이 털어놓게 됩니다. 이 프로그램은 자신의 장·단점을 알아보고 부족한 점을 장점으로 덮어 버리라는 동기부여입니다. 아이들은 이 예화를 듣고 나면 하던 짓도 멈칫거리며 생각하고 행동하게 될 것입니다.

나의 장점 찾기

"여러분! 자신의 장점을 얼마나 알고 있나요?" 하고 질문해보면 대답은 "별로 없다" 입니다. "그럼 지금부터 자신의 장점 50가지를 찾아볼까요?" 하고 말하면 깜짝 놀랍니다. 몇 가지 없다는 뜻이겠지요. 장점은 성공에 필요한 핵심 역량임에도 불구하고 청소년들은 그것을 잘 모르고 살아갑니다.

부족한 장점을 채워야 하는 아이들의 환경으로는 어떤 경우가 있을까요?

그렇습니다. 자신감이 부족한 아이, 자존감이 부족한 녀석들에게 장점이 필요합니다. 이렇듯 자신의 장점 발견은 누구에게나 필요합니다. 하지만 발견하지 못한 채 학생시절을 보내는 경우가 많습니다.

이쯤해서 단점을 찾는 방법을 알아보겠습니다.

먼저 어른들의 단점을 찾은 후, 자신의 단점을 찾게 합니다. 어른들의 단점을 찾는 방법을 소개하겠습니다. "여러분! 그럭저럭이 뭘까요?" 그렇습니다. 대충대충, 생각이 없고 계획도 없이 살아가는 경우를 말하는 것이겠지요. 예를 들면, 가족을 버리는 사람들, 노숙자들, 남들에게 피해 주는 사람들, 환경 파괴자들, 사기꾼들이 그런 부류입니다.

자신의 장점들을 만나는 방법도 있습니다.

내가 좋아하는 것, 내가 잘하는 것, 내가 하고 싶은 것, 미래를 계획하는 것 등인데 이를 찾는 방법으로는 집에서, 학교에서, 친구 관계와 부모님과의 관계 속에서 찾습니다. 그리고 자신이 속한 환경 속에서 찾아보면 됩니다.

그 예로,

나는 음식을 골고루 잘 먹는다.

나는 친구를 배려할 줄 안다.

부모님께 대들지 않는다.

한번 마음먹은 것은 끝까지 해낸다 등.

이러한 내용들을 자신 있게 표현할 때 자신의 핵심 역량이 커집니다.

1) 이야기 풀어가기

리더는 자신의 단점을 잘 파악할 줄 알고, 단점을 인정할 줄 알며 고치려고 노력합니다.

또한 리더는 가장 훌륭한 "자신"을 잘 알고 있습니다.

그들은 '나쁜 습관 버리기'에 과감한 결단을 할 줄 압니다.

"백해무익의 뜻이 무엇일까?" 질문 후에 뜻을 아이들이 핸드폰으로 찾고 발표하게 합니다.

百: 일백 백, 害: 해칠 해, 無: 없을 무, 益:더할 익

온통 해롭기만 하고 하나도 이로울 것이 없다는 뜻입니다.

시작은 먼저 "나는 세상에 그럭저럭 사는 사람들을 싫어한다"를 다 함께 크게 외치도록 합니다.

큰 소리가 나올 때까지 반복합니다. 그럭저럭이 무엇일까? 우리 주변에서의 그럭저럭에 대한 질문을 합니다. 대충대충, 생각 없이, 계획도 없이… 아이들의 많은 생각을 존중하며 칭찬해 줍니다.

핵심은 나의 그럭저럭을 찾는 것! 그것이 중요합니다.

주변에서 그럭저럭을 찾은 후 '나의 그럭저럭'을 쓰도록 합니다.

참가자 전원이 발표하도록 이끌어 줍니다(인사법, 목소리, 시선 처리 강조).

마지막으로 '그럭저럭 다짐서'를 발표하게 합니다.

본 프로그램에서는 자신에 대한 파악과 장·단점을 발견하게 하여 행동 변화에 이르도록 이끌어줍니다.

2) 이야기 키워가기(핵심 키워드 : 싫어한다)

▨ 우리는 세상을 그럭저럭 살아가는 사람들을 싫어한다.

> 예) 나는 계획 없이 하루하루를 살아가는 사람을 싫어한다.

_____

_____

_____

_____

▨ 우리들이 반성해야 할 점들(핵심 키워드 : 나를 싫어한다)

> 예) 아직 무엇을 어떻게 해야 할지 모르는 나를 싫어한다.

_____

_____

_____

_____

그럭저럭 다짐서

① 오늘의 이야기 주제는 '백해무익 습관 극복하기'입니다.

② 오늘 저는 _____를(을) 버릴 것을 여러분 앞에
약속드리겠습니다.

③ 이것을 실천함으로써 저에게는 _____도움이 되리라고
확신합니다.

여러분도 _____ 했으면 하는 바람입니다.

감사합니다.   20   .   .   발표자

한순간의 판단(결단)은 때로 평생의 경험과 맞먹을 만큼의 가치가 있다
                                        - 올리버 웬들 홈스

3) 생각 성공미션

각자의 장·단점을 발견하고 계발하는 데, 더 집중하도록 지도해야 할 것입니다.

⑴ 자신의 장점을 찾아보는 경험을 하도록 합니다.

⑵ 장점 찾기 체험을 자주하게 되면 자신을 인정하게 됩니다.

⑶ 자신만만한 행동을 하며, 스스로 자신의 미래를 위해 채찍질합니다.

⑷ 좋아하는 것, 잘할 수 있는 것, 미래에 하고 싶은 것을 빨리 발견합니다.

⑸ 본 코칭을 통해 자신의 단점과 장점을 발견하고 새로운 이미지를 만들면 어떨까요?

이야기 근거

천지창조는 우리와 어떠한 관계가 있는가?

이렇게 여러 날 빛을 만드시고 궁창, 바다와 식물을 만드셨지만 정작 이를 다스릴 자가 없고 주님과 관계를 이어갈 방법이 없었습니다. 그러므로

"사람을 만들자."고 주님께서 예수님에게 말씀하셨습니다.

"저 땅에 사람들이 살도록 해야겠어, 그러려면 땅을 먼저 멋지게 꾸며야겠군!"

하시면서 주님께서 사람들이 살 수 있도록 땅을 만들기 시작하셨습니다.

땅을 비추는 빛과 파란 하늘과 멋진 구름 … 바다, 호수 …

풀과 꽃, 그리고 각종 열매를 맺는 나무도 만드셨습니다.

그리고 마지막 여섯째 날에 사람을 만드셨습니다.

그리고 이 땅에 모든 것을 다스리도록 하셨습니다.

우리들이 살기 좋게 만드신 이 땅에서 주님과 관계가 끊어지면 안 됩니다.

우리 한 사람 한 사람이 장점을 많이 가진 작품으로 만드신 만큼 멋진 세상을 후손에게 물려주어야 합니다.

그러나 아담과 하와는 주님 앞에서 어떠했습니까?

"여자가 그 나무를 본즉 먹음직도 하고 보암직도 하고 지혜롭게 할 만큼 탐스럽기도 한 나무인지라 여자가 그 열매를 따먹고 자기와 함께 있는 남편에게도 주매 그도 먹은지라"고 했습니다.

결국 생각 없이 주님 말씀을 어기고 그럭저럭 행동을 한 것입니다.

아담과 하와의 불순종을 거울삼아 주님과 관계가 끊어지는 행동은 하지 말아야 하겠습니다(창 3:6).

2
작심삼일 백 번이면
작심 일 년

　'작심삼일'은 우리에게 익숙한 단어입니다. 마음먹은 것을 며칠이 못 가까마득히 잊고 살 때가 많습니다. 너나 할 것 없이 똑같습니다. 그렇습니다. 한번 마음먹은 것을 생활의 태도나 습관으로 이어지게 하기 위해서는 많은 경험과 함께 성공하신 분들의 성공담을 많이 접해보아야 합니다. 아래의 내용을 교훈으로 삼고 생각나면 즉시 행동했으면 합니다.

하버드 3%의 비밀

　1950년도에 하버드 대학교 MBA 과정을 졸업한 졸업생을 대상으로 설문조사를 해 보았습니다.

　그들 중 약 27%는 꿈이 없이 남들의 도움을 받아가며 살고 있었고,

　60%의 사람들은 우리들처럼 평범하게 살아가는 사람들이었습니다.

　그리고 10%의 사람들은 꿈은 있으되 생각만으로 살았는데도 비교적 여유 있게 살았답니다.

그러나 중요한 것은 3%의 사람들이었습니다.

이들은 97%의 사람들을 이끌어가는 것은 물론,

부와 명예, 권력을 가지고 멋진 리더로서 살아가고 있었다는 것입니다.

그렇다면 이들은 어떠한 생활습관을 가지고 살았기에 3%의 리더가 될 수 있었을까요?

힌트는 이들은 "ㄱ"의 구체적인 꿈과 목표를 가지고 살았다는 사실입니다.

"ㄱ"에 나타난 구체적인 꿈과 목표는 무엇일까요?

그렇습니다. 물론 그들의 생활습관은 남다른 면이 있었겠지요.

중요한 것은 성공한 3%의 사람들의 생각이 무엇인가 하는 점입니다.

많은 사람들은 생각을 하면서도 행동으로 옮기는 것을 어려워합니다.

본 코칭 프로그램에서도 '리더 5원칙'을 강조합니다.

그 원칙 중 첫째는 시선 집중, 둘째는 인사 예절, 셋째는 박수 참여, 넷째는 자신감 준비, 마지막은 행동은 그 즉시입니다.

결국 생각을 하고, 결심을 했어도 하버드대 3%의 비밀을 풀지 못하면 작심삼일이 되고 맙니다.

"ㄱ"을 찾는 것이 성공의 핵심입니다. "ㄱ"이 들어간 한 글자

"ㄱ"에 나타난 구체적인 꿈과 목표를 가지고 살아야 할 것입니다.

그들이 사용했던 한 글자를 찾고 그렇게 사는 것이 지금의 우리들의 몫입니다.

1) 이야기 풀어가기

- 작심삼일이란?

作: 지을 작, 心: 마음 심, 三: 석 삼, 日: 날 일

결심이 사흘을 지나지 못한다는 말. 즉 마음먹은 것이 삼일도 못 간다는 뜻입니다.

'작심삼일'의 의미를 충분히 전달한 후 아래의 '어느 신문 기고'에서의 조사 내용을 한 줄씩 읽어 내려가면서 핵심 단어에 동그라미를 치도록 지도합니다.

큰 소리로 읽도록 합니다.

특히 모를 법한 단어에 아이들의 생각을 이끌어낸 후 설명해 줍니다.

(예)이직: 보다 더 나은 직장으로 이동)

중요한 것은 (5)입니다. '걸림돌 방해요소' 1위는 게으름

그리고 (7)게으름과 나태함을 없애기 위해서는 '명확한 목표'라는 주사가 중요함을 강조하고 설명합니다.

특히 중요한 내용은(10)의 '백만장자의 파티' 내용입니다.

미국에서는 미래 자신의 모습을 경험해 보는 백만장자 파티를 통해

많은 사람들이 목표를 성취했다는 사례가 있다고 합니다.

마지막으로 (11)다섯 번째로 코치 만나는 것을 했기 때문에

(1)~(4)번까지 있다는 의미이므로 아이들이 찾도록 이끌어주어야 합니다.

교훈은 작심삼일을 하지 말자.

'꿈을 이루기 위한 다섯 가지의 원칙'이 중요합니다.

다섯 가지의 원칙의 첫 번째는 시선 집중이고

둘째는 인사 예절이며

셋째는 박수 참여입니다.

넷째는 자신감 준비이고

마지막은 그 즉시 행동입니다.

이 원칙을 반복하도록 지도하고 잘 보이는 곳에 써서 붙여놓으면

교육 효과가 더욱 좋습니다.

2) 이야기 키워가기

- 어느 신문 기고 -

(1) 어른들이 새해에 가장 이루고 싶은 목표 1위는 자기 계발

  (응답자의 56.2%)

  - 일단은 서점에 가서 이 책 저 책, 자기계발에 관련된 책을 사보고 인터넷도 수강하며 외국어 학원도 등록한다.

(2) 이 밖에 이루고 싶은 일

  - 인맥 넓히기(24.4%), 이직(23.4%), 취미생활(18.4%), 독서(15.4%), 금연(14.4%), 아침형 인간(12.2%), 금주(4.6%) 등이다.

(3) 계획을 실천하기 위해 가장 필요한 요소로 '자신의 의지'(67.4%)라고 했다.

(4) 경제적 능력(13.3%), 목표에 대한 절실함(9.7%), 시간적 여유(5.9%)가 필요하다 했다.

(5) 계획을 실천하는 데 '걸림돌 방해요소' 1위는 게으름(62.6%)을 가장 많이 선택했다.

  - 책을 읽으려고 펴면 졸음이 오고, TV, 게임, 술자리의 유혹을 쉽게 이겨낼 수 없는 점이다.

(6) 시간부족(36.9%), 경제적 어려움(34.2%), 목표의식 부재(26.4%) 넘치는 업무량(17.0%), 정보·인맥 부족(16.4%) 순으로 조사됐다.

(7) 게으름과 나태함을 없애기 위해서는 '명확한 목표'라는 주사가 필요하다고 한다.

　- 이 주사를 우리 뇌에 깊이 주입하면 주입할수록 게으름, 나태함이 제거된다.

(8) 목표라는 주사의 효과를 계속 이어가기 위해서는 목표에 대한 시각화가 필요하다.

　- 예를 들면, 한 달에 책 10권 읽기라고 했다면 그 내용에 해당하는 장을 명함 크기의 종이에 적어서 여기저기 잘 보이는 곳에 둔다.

(9) 목표를 이루는 과정부터 이룬 상태까지 성취한 자신의 모습을 생생하게 상상해본다.

　- 집 안에서는 집중이 되지 않으므로 집 밖 공원이나 커피숍과 같은 제3의 공간을 이용하면 좋다.

(10) 백만장자 파티에 참석해 보기

　- 미국에서는 미래 자신의 모습을 경험해 보는 백만장자 파티를 통해 많은 사람들이 목표를 성취했다는 사례가 있다.

(11) 다섯 번째는 코치를 만나는 것이다.

　- 코치와의 대화는 인식을 확장시키고 믿는 만큼 이루어지고 생각한 만큼 실체화 된다고 한다.

질문 다섯 번째는 코치를 만나는 것이라고 했습니다. 첫 번째부터 네 번째까지는 무엇인지 적어보세요.

첫 번째

두 번째

세 번째

네 번째

다섯 번째
코치를 만나는 것

3) 생각 성공미션

작심삼일이 아닌 작심 리더로서 무엇인가를 해야 하는지 알아야 할 것입니다.

⑴ 성공한 분들은 막연한 꿈과 목표가 아닌, 글로 쓴 구체적인 꿈과 목표를 가지고 있습니다.

⑵ 우리들도 구체적인 꿈과 목표, 비전과 미션을 가지고 생활해야 합니다.

⑶ 3%가 되기 위해서 자신의 역량 쌓기에 매진해야 합니다.

⑷ 리더의 역량을 키우는 노력과 3%의 생활습관을 가지도록 노력해야 합니다.

⑸ 세상을 위해 어떠한 사람이 되어야 하는지를 분명히 아는 우리가 되어야 합니다. 그러기 위해서는 1~5까지의 코치를 만나야 합니다.
첫째, 명확한 목표
둘째, 목표에 대한 시각화
셋째, 성취한 자신의 모습 그려보기
넷째, 백만장자 파티 참석
다섯번째, 코치 만나기

롯은 신앙적 성품을 지닌 결단력이 있는 여인입니다.

신앙의 지조를 지켰으며, 복을 얻기 위해 고난을 겪고 극복한 여인입니다.

내면적으로 신의와 지조를 지켰고, 시모를 잘 공경했으며,

근면 성실했을 뿐만 아니라

겸손했으며 순종적이었고, 사랑으로 가득 찼으며 현숙한 여인이었습니다.

<롯기>를 통해 우리가 얻게 되는 교훈은

아무리 어렵고 힘든 시기라 할지라도, 역경을 믿음으로써 이겨내야 한다는 것입니다.

주님께서는 롯의 믿음을 보셨고 합당한 복을 내려 주신 것입니다.

주님은 남은 자들을 통해서 구원의 역사를 계속 이루어가고 계십니다.

우리는 롯처럼 어떠한 어려움이 있더라도 주님을 떠나지 말아야겠습니다.

작심삼일 하지 말아야 합니다.

오직 구세주 되시는 예수 그리스도를, 주님을 찬양해야 합니다(룻기 1-4장).

3
삼각지
국숫집 할머니

'역량'이란 단어가 있습니다. 이 단어의 사전적 의미로는 무엇을 해낼 수 있는 힘, 다시 말해서 능력, 조건, 자격들을 말합니다. 아무리 경험이 많다 하더라도 조건의 역량을 갖춰지지 못했다면 역량 발휘가 어려울 것입니다. 아래의 예화에서 한 젊은이가 할머니의 말에 능력을 발휘할 수 있었습니다.

이 이야기를 통해서 많은 도전을 받았으면 합니다.

한 젊은이가 사업에 실패하고 큰 어려움에 처했습니다. 하루는 식당들을 돌아다니며, 한 끼 식사를 구걸합니다. 가는 곳마다, "젊은이가 무슨 짓을 못해서 구걸하느냐?"고 야단을 맞고 쫓겨납니다. 여러 번 야단 맞은 젊은이는 김이 모락모락 나는 한 식당을 발견합니다. 음식점에서 쫓겨나기를 거듭하면서 독이 오를 대로 오른 젊은이는 '만약 이번에도 밥을 얻어먹지 못하면 저 식당을 확 불 질러 버릴 거야!'라고 다짐하며 가게로 향합니다. 할머니네 가게로 간 젊은이는 모자를 푹 눌러쓰고 자리에 털썩 앉습니다.

여러분! 젊은이는 왜 모자를 푹 눌러 썼을까요?
누군가가 얼굴을 알아볼 것 같아서 눌러 쓴 것입니다.

젊은이는 할머니가 가져다준 국수를 허겁지겁 먹습니다. 젊은이는 생각합니다.
'다 먹고 도망칠까 아니면 대충 먹고 도망칠까.'라고 생각하는 순간 할머니는 안쓰러운 마음이 들었는지 또 한 그릇을 가져다주시는 겁니다.
젊은이는 후루룩 해치우고는 냅다 도망치기 시작했습니다.
할머니는 젊은이 등 뒤에 대고 뭐라고 말을 합니다. 젊은이에게 뭐라고 말했을까요?

할머니가 등 뒤에 대고 욕할 줄만 알았던 젊은이는 뜻밖의 외침에 가슴이 뭉클했습니다. (뜻밖의 외침이 무엇이었는지 써 주세요.) 젊은이는 성공하여 할머니께 보답하겠다는 마음을 굳게 먹습니다.
그 후 어렵게 돈을 구한 젊은이는 과테말라(미국 아래쪽에 있는 중남미의 한 나라)로 일을 하기 위해 떠났습니다.
그는 성공하였고 귀국 길에 공항에 있는 텔레비전을 보았습니다. '훌륭한 시민 상'을 받는 어느 할머니의 모습이 화면에 나왔습니다. 다름 아닌 국숫집 할머니였습니다.

너무 반가웠고 놀랐습니다.

젊은이는 곧바로 할머니를 찾아뵙고 은혜에 보답했습니다.

이 훈훈하고 감동적인 이야기는 '삼각지 국숫집 할머니' 이야기입니다.

우리 주변에는 훈훈한 분들이 많습니다. 은혜를 입었으면 은혜를 갚을 줄 알아야 합니다.

이 사회에 꼭 필요한 사람이 되기 위해서는 어떻게 하면 좋을까요?

할머니의 그 한마디를 생각하며 단원을 시작합니다.

1) 이야기 풀어가기

'칠면조 무리에서 독수리를 꿈꾸지 말자'를 함께 큰 소리로 외치게 한 다음 본 단원을 진행합니다.

제목에서 역량 강화란 단어의 의미를 정확하게 지도할 필요가 있습니다.

역량이란? 무엇을 해 낼 수 있는 나의 능력, 힘, 자격 조건, 환경들을 말한다고 언급한 바 있습니다.

본 단원을 통하여 우리들이 가지고 있는 역량을 발휘하는 계기가 되어야 합니다.

역량 강화 실천 원칙으로

나의 역량을 키우기 위해서는 (1)번의 원칙에 (ㅅㄱ)를 투자해야 합니다.

ㅅㄱ은 시간이요, 수고, 습관들을 만들어야 함을 의미합니다.

그 밖에 많은 (ㅅㄱ)이 있으니 함께 찾아내시기 바랍니다.

또한 (3)번의 원칙은 예를 통해 예화로 정리해 드렸습니다.

다시 한 번 비난의 손가락을 펴서 반복 학습을 하면 효과가 극대화 됩니다.

그리고 (6)과 (7)의 큰 뜻과 적극성에 대해서 강조해야 되는데 (6)의 큰 뜻이란?

내 뜻이 아닌 남을 위한 뜻을 일컫습니다.

예컨대 선생님이 돈을 많이 벌어서 차를 샀다면 그것이 큰 뜻일까요? 아닐 것입니다.

의사 선생님이 돈을 많이 벌어 집을 샀다면 그것도 큰 뜻일까요? 그것 또한 아닐 것입니다.

교사와 의사는 어려운 환경에 처한 아이들을 가르치고 치료해 주는 행위가 큰 뜻일 것입니다.

큰 뜻을 펼치기 위해서는 '공부해서 남 주자'는 원칙이 나오게 됩니다.

(9)는 정신건강을 위해서 스트레스를 받지 말아야 한다는 의미가 담겨 있습니다.

스트레스는 걱정이 쌓였을 때 주변 사람들이 받습니다.

걱정은 쓸데 있는 걱정과 쓸데 없는 걱정 두 종류로 나뉩니다. 무려 97%가 쓸데 없는 걱정이고, 쓸데 있는 걱정은 3%로, 우리는 쓸데 없는 걱정을 많이 하고 살아갑니다.

앞으로는 쓸데 있는 걱정, 즉 어쩔 수 없는 걱정을 잘 관리하며 살아가야 할 줄 믿습니다.

어쩔 수 없는 걱정을 해결하는 방법으로는 '받아들여라'입니다. 받아들이면 해결됩니다.

마지막으로 '시간 엄수'를 강조하십시오.

엄수의 의미를 질문하고 답(엄할 엄, 지킬 수)을 주어 지도하고 아래와 같이 발표 내용을 쓰도록 하고 발표 지도를 합니다.

청소년들의 역량 강화를 위해서는 실천 원칙을 한 가지라도 활용해 보는 습관이 매우 중요합니다.

2) 이야기 키워가기

역량 강화 실천 원칙

 ⑴ 꿈, 목표, 진로를 설정하고 (ㅅㄱ)에 투자한다.

 ⑵ 모든 문제는 대화로 푼다.

 ⑶ 비(非)와 비 불(不)은 금물이다.

 ⑷ 상호질서 및 역할을 만들어간다.

 ⑸ 일일 플래너는 반드시 쓴다.

 ⑹ 미래를 사랑하고 큰 뜻을 품고 생활한다.

 ⑺ 자신감을 위한 적극성을 생활화한다.

 ⑻ 무슨 일이든 마감은 반드시 한다.

 ⑼ 정신건강을 위해 시작과 끝을 분명히 한다.

 ⑽ 시간을 엄수한다.

탁월한 리더십은 자신감에서 만들어진다.

① 지금부터

　　　　　　　＿＿＿＿＿＿＿교훈을 말씀드리겠습니다.

② 오늘 깨달은 교훈은 ＿＿＿＿＿＿＿＿＿＿＿＿＿＿＿

③ 이에 대한 저의 실천 다짐은 ＿＿＿＿＿＿＿＿＿＿＿

④ 이 교훈을 실천함으로 저에게　　　＿＿＿＿＿＿＿＿도움이 되리라

　　　고 확신합니다.

　여러분도 ＿＿＿＿＿＿＿했으면 하는 바람입니다.

　감사합니다.

- 진정한 리더는 자신을 관리할 줄 안다. -

3) 생각 성공미션

할머니의 고마움에 보답하기 위해서 '공부해서 남 주자'라고 다짐합니다.

(1) 한 젊은이가 사업에 실패하고 한 끼 밥을 구걸합니다.

(2) 허겁지겁 먹던 젊은이는 언제쯤 도망갈까를 궁리합니다.

(3) '에라! 모르겠다.'며 줄행랑치는 젊은이에게

(4) 할머니의 반응은 어떠했을까? 젊은이 천천히 가 그러다 넘어져!!

(5) 감동 받은 젊은이는 그 후 어떻게 하였을까요?

※ 시옷, 기역은? 시간, 수고, 생각, 습관 등입니다.

가라지는 '위장'의 특성을 가지고 있습니다. 겉보기에는 곡식과 비슷한 점이 있지만 인체에 큰 피해를 주는 독성도 지니고 있습니다.

본 장에서 언급할 좋은 땅에 뿌려진 씨는 주님의 자녀. 즉 우리들을 가리킵니다. 말씀을 듣고 깨달아 풍성한 열매를 거두는 자를 말합니다.

풍성한 열매를 거두는 자는 그리스도를 믿고 행하는 결과와 관련이 있습니다. 믿는 자가 맺어야 할 열매는 성령의 열매, 의의 열매, 선한 열매입니다.

'사단'은 주님 자녀에게서 주님의 말씀을 빼앗으려고 호시탐탐 노리고 있습니다. 그러나 주님께서는 그 악한 사단에게서 우리를 지켜주시고 보호하십니다.

역량 강화의 노력은 감춰진 보화를 발견하는 행위입니다. 감춰진 보화는 주님께서 주신 선물이고 우리가 주님의 자녀임을 인식할 때만이 보이는 주님 나라의 보화인 것입니다.

신앙으로 겸비한 우리는 지혜의 말씀을 받아들여 겸손해지고 그리스도께 뿌리를 내려야 합니다.
그러면 어떠한 시련이나 역경도 이겨낼 수 있습니다(마 13:36~50).

chapter three

향기 나는
곰팡이?

▨ 생명의 언어

말의 힘에 대해서 생각해 보기로 하겠습니다(동영상).

방송국 아나운서실에서 "말 한마디의 효력"이란 제목으로 '밥'을 가지고 실험한 적이 있습니다.

곰팡이에게도 영향을 끼치는 말의 실험이었죠.

실험맨은 밥을 똑같은 두 유리병 속에 넣고, 하나는 '고맙습니다'라는 글을 써 붙이고,

다른 하나는 '짜증나!'라는 글을 써 붙였습니다.

그런 다음 몇 명의 아나운서들에게 날마다 그 글귀를 각각 병에 대고 큰 소리로 말하게 했습니다.

한 아나운서는 병에다 대고 1번 병에는 "고마~워, 사랑해"

2번 병은 "짜증나 미워~"를 한 달간 큰 소리로 말하였습니다.

한 달이 지난 후 어떤 일이 벌어졌을까요?

'고마워'라고 말한 밥은 발효되어 향기로운 누룩 냄새가 났습니다.

반면에, '짜증나'라는 말을 들은 2번 병의 밥은

형편없이 부패했고 검은색으로 변하여 악취를 풍기고 있었습니다.

실험 맨들은 너무도 놀랍다며, 말을 함부로 해서는 안 되겠다는 말을 이구동성(異口同聲)으로 하였습니다.

이 이야기는 무엇을 말하고자 함일까요?

사람의 언어에 담긴 생각이, 하나의 정보 에너지로 작용하여 미생물에게도 영향을 준다는 것입니다.

미생물이 그렇게 작용한다면 다른 물질이나, 일반 세포에게도 마찬가지일 것입니다.

미생물이나 물질 등 어떤 대상일지라도 감사하는 경우에는 '감사의 결과'를, 불평하는 경우에는 '불평의 결과'를 가져다주는 것은 아닐까 생각해 봅니다.

공.감.대.화

너 하는 짓이 용돈 필요하지!-저도 알바 하고 싶어요.

우리 아들 엄마보다 지혜 있네!-엄마 덕분에 장학금 타요.

잃어버린 우산, 엄마가 책임져!

어느 교수님이 강의를 하는 현장에서 들은 이야기입니다. "엄마와 초등학교 4학년 아이가 저녁 9시 뉴스를 보며 대화하는 내용입니다. "아들 00야 내일 비 올 확률이 60%란다. 우산 가지고 가야겠다." "네 엄마!" 다음 날 아침, 엄마와 아들의 대화입니다. "우산 가지고 가야지?" "안 가지고 가면 안돼요?" "안 돼! 비 온다니까? 그리고 엄마가 걱정되잖아. 가지고 가!" "아이 참!" 아들은 우산을 억지로 끌고 집을 나섭니다. 학교를 파하고 귀가하는 시간이었습니다. 햇볕이 쨍쨍 내리쬐었습니다. 아들은 깜빡 잊고 우산을 학교에 놓고 집에 왔습니다. 그러자 엄마가 "우산은? 내 그럴 줄 알았어." 아들은 학교로 달려갔습니다. 우산을 아무리 찾아도 보이지 않자 풀이 푹 죽어서 집으로 돌아왔습니다.

엄마한테 야단맞은 아들은 과연 누구를 원망할까요? 자신일까요? 아니면 엄마일까요? 반대의 경우를 생각해봅니다. 아마도 자신을 원망할 것입니다. '아이 바보, 깜빡할 게 따로 있지' 하면서 자신의 잘못을 채찍질할 것입니다.

이야기가 우리들에게 주는 교훈은 큽니다. 요즘 아이들은 부모 이상으로 많은 걸 알고 있습니다. 개인의 능력 또한 탁월합니다. 단지 엄마 앞에선 매사에 스스로 할 수 있는 기회가 그리 많지 않을 뿐입니다. 얼마 전 초3 아이들을 케어하다 보니, 집중력도 좋고 자신의 생각을 비교적 잘 표현합니다. 그러나 엄마가 나타나는 순간 분위기가 180도 바뀝니다. 이유는 뭘까? 너무 궁금했습니다.

저는 훈련소에서 훈련하던 강아지가 주인을 보고 반기는 듯한 인상을 받습니다. 그렇습니다. 우리 아이들은 너무 풍족하게 살다 보니 부모만 보면 하던 짓도 멈추고 부모에게 기대는 것입니다. 무엇이든 받아주고 부족함 없이 다 해결해 주기 때문입니다. 그렇다 보니 스스로 할 기회가 그리 많지 않습니다. 정작 능력을 발휘할 장소에서나, 결정적일 때 실수를 하게 됩니다.

이러한 아이들에게 주 1회 정도 대화 코칭 즉 '꿈이룸코칭'을 하게 되면 자신감은 물론 스스로 하려는 시도를 하게 됩니다. 코칭 현장에서 코칭을 받는 녀석들의 모습을 볼 때마다 긍지를 느끼고 있습니다.

1
왜를 찾는
주인공

   미국에 있는 어느 산골 마을에 고등학교를 졸업한 '파블로'와 '브르노'란 두 청년이 일자리를 찾고 있었습니다. 어느 날 마을 촌장께서 일자리를 제안했습니다. "자네들이 3km 밖에 있는 호수 물을 길어오면 돈을 주겠네." 마을에는 물이 필요했기 때문입니다. 파블로와 브르노는 너무 신이 났습니다. 돈을 벌어서 집도 사고 장가도 갈 수 있기 때문이지요. 덩치가 큰 브르노는 체격이 왜소한 파블로를 다그쳤습니다. "파블로야! 빨리 와, 한번이라도 더 갔다오자구." 하지만 파블로는 체력의 한계를 느낀 나머지, 그일이 그다지 마음에 들지 않았습니다. 하루는 파블로가 호숫가에 벌렁 누워 하늘을 보고 있었지요. 자신의 신세가 너무도 처량하게 느껴졌습니다. 하늘의 구름 한 점까지도 자신의 신세와 비슷하게 느껴졌습니다. 목이 말랐습니다. 풀잎 하나를 뚝 끊어서 빨대를 만들었고 물을 빨기 시작했습니다. 순간, 아이디어가 떠올랐습니다. 파블로는 브르노에게 소리쳤습니다. "브르노야! 내 말 좀 들어봐. 우리 이젠 부자야!"

질문해보겠습니다.

파블로는 무슨 생각으로 부자가 되었다고 소리쳤을까요?

파블로는 호수에 저장된 물을 마을로 끌어온다는 생각을 하게 되었지요. 파이프라인을 건설한다는 생각이었습니다. 소리치며 따라온 파블로에게 브르노는 "야! 이 멍청아 그걸 지금 말이라고 하냐?"며 핀잔을 주었습니다. 핀잔을 들은 파블로는 '그래 힘들겠지만 나 혼자서라도 반드시 성공하는 거야.'라고 다짐하며 파이프라인을 설치하기 시작했습니다. 3년쯤 지난 어느 날이었습니다. 동네 아주머니가 아침 일찍 동네 사람들을 향해 "동네 사람들! 우리 마을에 천지개벽할 일이 생겼어요. 다들 나와 보세요?"라고 소리쳤습니다. 마을 우물에 설치한 파이프라인에서 물이 콸콸 쏟아지고 있었던 것입니다.

이후 파블로는 마을 촌장에게 물을 팔았을까요? 의견이 분분할 것입니다. 물론 팔았습니다. 파이프라인을 설치한 이유는 당연히 돈을 벌기 위함이었지요. 마을 촌장은 파블로에게 물을 반값으로 공급받았습니다. 그 후 브르노는 어떻게 되었을까요?

1) 이야기 풀어가기

위 파블로의 이야기를 들려주고 질문합니다. 덧셈과 곱셈의 차이점을 질문합니다.

다양한 의견이 나오더라도 격려와 칭찬이 필요합니다.

중요한 것은 곱셈을 선택하는 데 있습니다.

곱셈을 선택한 이유는 2+1=3, 2×1=2에 있습니다.

파블로처럼 곱셈을 선택한 사람은 처음엔 결과치가 적을지라도 나중엔 점점 커집니다.

미래를 준비하는 사람들은 곱셈을 선택하는 것이 지혜롭다고 설명하면 됩니다.

아래의 원칙들에서

(5)의 '왜를 찾는데 투자하라'가 아주 중요합니다.

이유 없는 일을 하면 안 된다고 지도해야 합니다.

그리고 10)번을 재미있게 지도하면 본 단원은 성공적입니다.

성공한 사람들은 성공 습관 8가지를 가지고 산다고 말을 합니다.

모두 한 자이며,

한글 초성으로,

쌍기역(ㄲ)이 들어간다고 궁금증을 유발시킵니다.

첫 번째로 꿈을 가지고 있다고 말해주고는 각자의 의견을 듣고 칭찬합니다.

답은 꿈, 끼, 꾀, 꼴, 깡, 끈, 꾼, 끝입니다.

끼는 소질, 꾀는 지혜, 꼴은 외모, 깡은 끈기와 인내, 끈은 네트워크 즉 인맥관계, 꾼은 '소리꾼'이나 '장사꾼'처럼 그 분야의 전문가를 말합니다.

마지막으로 끝은 마무리입니다. 무슨 일을 하든지

마무리가 가장 중요하다는 점을 인식시켜야 합니다.

마지막으로 깨달은 교훈을 작성하게 하고 발표하게 한 후 격려해주면 됩니다.

2) 이야기 키워가기

파이프라인 예화

파블로의 인생의 교훈을 통해 우리의 역량을 키운다.

파블로는 지금의 일을 하면서 미래의 성공 프로젝트를 그리며 나아간다.

반면, 브르노는 현실에 안주하며 '오히려 현실에나 집중할 것이지'라며 친구를 몰아세운다.

결국, 해내고야 마는 파블로의 도전 정신 곱셈 법칙의 인생이 아닐까?

그렇다면 아래의 곱셈 법칙과 덧셈 법칙의 차이점은?

2+1=3, 2+2=4, 2+3=5, 2+4=6

2×1=2, 2×2=4, 2×3=6, 2×4=8

⑴ 승리의 주인공이 되어보자.

⑵ 왜 덧셈식보다 곱셈식이 중요한가?

⑶ 인성이 성적보다 우선인 이유는?

⑷ 나는 누구인가?

⑸ 왜를 찾는데 시간을 투자하라.

⑹ 내일을 위한 투자를 지금부터 시작하라.

⑺ 곱셈 법칙의 삶은 바른 태도를 필요로 한다 .

(8) 성공해 본 경험을 나눠 본다.

(9) 멋진 인간관계를 만들어 보자.

(10) 8가지 성공 습관을 알아보자.

• 곱셈 법칙에서 깨달은 교훈 발표

1. 지금부터   의 교훈을 말씀드리겠습니다.

2. 오늘 깨달은 교훈은

3. 교훈에 대한 실천 다짐은

4. 이 원칙을 실천함으로 저에게
                              도움이 되리라고 확신합니다.

여러분도   했으면 하는 바람입니다.

감사합니다.

3) 생각 성공미션

파블로는 돈을 많이 벌었고, 이웃 마을에도 파이프라인을 건설했습니다.

(1) 브르노와 같은 인생은 어떤 인생이라고 생각합니까?

(2) 파블로는 브르노를 찾아가서 함께 일하자고 제안하였습니다.

(3) 우리도 파블로같이 미래를 위해 열정과 시간을 투자해야 합니다.

(4) 처음에는 비록 힘들지라도 미래를 위해서 열심히 일하는 것입니다.

(5) 파블로와 같은 인생을 살기 위해서는 어떻게 해야 할까요?

열정적인 삶, '왜를 찾는' 주인공의 삶으로

"네 마음을 다하고 목숨을 다하고 뜻을 다하여 주 너의 주님을 사랑하라."(마 22:37)

그렇습니다. 우리는 주님을 사랑하며, 열정 있는 삶을 살아가야 합니다.

파블로같이 희망을 품고 달려가야 합니다.

그렇게 한다면 모두 승리의 주인공이 될 것입니다.

지금, 그 이유를 바로 알고 내일을 위한 투자를 시작하십시오,

왜를 찾는데 시간을 투자하십시오.

이러한 자들은 주님의 관심 안에 있게 될 것입니다.

주님을 향한 열정을 보여야 할 것입니다.

"너희가 온 마음으로 나를 구하면 나를 찾을 것이요 나를 만나리라" 하신

예레미야 29장 13절 말씀처럼 열정으로 기도하고, 열정으로 찬양하십시오.

그렇게 함으로 승리의 삶, 영적인 삶을 살아가게 될 것입니다.

"무슨 일을 하든지 마음을 다하여 주께 하듯 하고 사람에게 하듯 하지 말라"는

골로새서 3장 23절을 깊이 새기는 이 시간이 되길 기도합니다.

2
나를 향한
세 손가락

　대개의 부모는 '손가락질을 받으면 안 된다.' 라고 가르칩니다. 하지만 손가락질을 해서는 안 된다가 오히려 더 중요한 가르침일 것입니다. 학생들에게 손가락의 비밀에 대해서 코칭하다 보면 서로 야단들입니다. 손가락질을 하는 것이 얼마나 잘못된 행위인지 알아보겠습니다.

　사람이 좀 모자라면 상대방에게 손가락질을 받게 되는 경우가 있습니다. 상대방에게 손가락질하는 이 행위는 누워서 침 뱉기이지요? 녀석들에게 질문합니다. "세상에서 가장 미운 한 친구를 연상해 보세요? 그리고 그 친구를 가리키며 큰 소리로 제발 지구를 떠나거라! 하며 소리 질러 보세요. 다 같이 하나 둘 셋" "지구를 떠나거라!" 하하하하하 야단들입니다. "이제 그 친구를 향하고 있는 손가락을 제외하고 숨어있는 나머지 손가락은 누구를 가리키고 있을까요?"

그렇습니다. 자신을 가리키고 있습니다. 이 말은 남을 비난하면, 자신이 3배 이상 비난을 받아 마땅하다는 의미입니다. 사람에게는 하지 말아야 할 세 가지가 있습니다. '**비**난과 **비**평, **불**평'입니다. 상대방을 비난하게 되면 앞에서 말한 바와 같이 결과가 부메랑이 되어서 자신에게 돌아오고 마는 것입니다. 결국 누워서 침 뱉기이지요. 남들을 비판하기보다는 가능하면 제안을 해보는 것은 어떨까요? 그리고 불평하기보다는 상황을 받아들이고 인내와 격려, 칭찬을 해주는 편이 낫지 않을까요? '비비불'을 멀리하게 되면 그 결과는 긍정의 결과로, 칭찬의 결과로, 자신에게 고스란히 돌아오게 될 것입니다.

1) 이야기 풀어가기

리더(지도사)는 원칙의 내용을 충분히 숙지하고

(3)번 '자신의 잘못을 그 즉시 인정한다.' 이 원칙을 강조하여 설명합니다.

이유는 자신의 잘못을 한참 지난 후에 사과하게 되면 감정의 골이 생기기 때문에 인간 관계로는 그리 좋지 못한 태도입니다.

상대방의 체면을 세워주고, 작은 진전도 칭찬해 주며, 훌륭한 점을 터치해주게 되면 잘못한 점을 말하더라도 고치려는 노력을 하게 됩니다.

마지막으로

(8)번 극적으로 표현함으로써 제안한 것을 기꺼이 하게 되는 것입니다.

'극적 표현 이행 다짐서'는 한 문장을 선정하여 자신의 경험과 배운 내용을 토대로 글을 작성하도록 이끌어주고 발표하도록 지도하면 됩니다.

2) 이야기 키워가기

성공 습관(권한을 위임하고, 믿고, 가르치고, 맡겨라)

(1) 늘 칭찬과 감사의 말로 시작한다.

(2) 잘못을 간접적으로 알게 한다.

(3) 자신의 잘못은 즉시 인정한다.

(4) 상대방의 체면을 세워준다.

(5) 작은 진전에도 칭찬을 아끼지 않는다.

(6) 상대방의 훌륭한 점을 터치해 준다.

(7) 잘못을 고칠 수 있도록 느끼게 한다.

(8) 제안한 것을 기꺼이 하도록 이끌어준다.

극적 표현 이행 다짐서

3) 생각 성공 미션

자신의 잘못은 그 즉시 인정해야 합니다.

(1) 남들을 한 번 비난하지만, 자신은 세 번을 비난받아 마땅한 사람이 됩니다.

(2) 반대로 '멋쟁이' 하며, 상대방에게 엄지 척으로 치켜세워보세요.

(3) 상대방을 엄지 척으로 세워주면 자신은 네 번이나 엄지 척을 받습니다.

(4) 다섯 손가락 모두를 펴서 "너나 잘하세요" 라고 말하면 안 될 것입니다.

(5) 상대방에게 잘못을 고칠 수 있도록 느끼게 하려면 어떻게 해야 할까요?

영적인 성공자가 되라

"형제들아 너희 가운데서 성령과 지혜가 충만하여 칭찬 받는 사람 일곱을 택하라 우리가 이 일을 그들에게 맡기고"(행 6:3)라고 말씀하셨습니다.

그렇습니다. 우리는 칭찬받는 일꾼이 되어야 합니다. 우리는 오로지 기도하는 일과 말씀 사역에 힘쓰는 일을 해야 합니다. 주님의 말씀을 제쳐 놓고 노는 데만 열중해서는 안 됩니다. 믿음과 성령이 충만한 사람 '스데반'과 '빌립' 등과 같이 주님이 부르시면

즉시 달려가는 우리 모두가 되어야 할 줄 믿습니다.

성공 습관은 그냥 만들어지지 않습니다.

권한을 위임하고, 믿고, 가르치고, 맡겨줄 때 만들어집니다.

그러므로 늘 칭찬과 감사의 말로 시작해야 합니다.

잘못은 간접적으로 알게 해야 합니다.

그리고 자신의 잘못은 즉시 인정하게 해야 합니다.

당시의 초대교회는 제자들은 "주님의 말씀이 점점 왕성하여

예루살렘에 있는 제자의 수가 더 심히 많아지고 허다한 제사장의 무리도

복종하더라(행 6:7)"고 했습니다.

이 글을 읽는 우리도 칭찬받는 자가 되고, 주님 말씀을 따르는 자가 되어야 합니다. 이를 위해 극적으로 표현하고 칭찬할 줄 아는 자로 코칭해야 할 것입니다.

3
꿈꾸는 물고기,
바다도 좁다

꿈 코칭에 들어가기 전에 다음의 글들을 충분히 공감하고 코칭에 들어갑니다.

그리고 본 내용을 공부하면 모두 꿈을 가질 수 있다는 점을 강조하여 기대감을 갖도록 해 줍니다.

지도사(리더)가 알아야 할 점은 꿈과 직업의 다른 점을 미리 지도해야 한다는 점입니다. 꿈이란 무엇일까요?

꿈은 생각만 해도 가슴 뛰게 하는 것이며, 잘할 수 있는 것, 좋아하는 것 등 자신이 평소 하고 싶은 일이나, 평생 하고 살았으면 하는 일입니다.

반면 직업은 그 꿈을 이루기 위한 수단으로 자신의 꿈을 위해서는 직업은 다양하며, 직업에는 귀천이 없다는 점을 지도해야 합니다.

다음의 내용을 하나하나 질문 코칭으로 이끌어 가면 됩니다.

리더들의 공통점을 질문하면 다양한 의견이 나옵니다. 모두 받아주고 격려를 잊지 말아야 합니다.

그리고 학습 분야와 성품 분야에는 먼저 생각을 공유합니다.

학습 분야는 수리 분야, 예능 분야, 우주공학 분야 등을 설명하고 성품 분야로는 예절 분야와 태도 분야로 나누어진다고 설명하면 됩니다.

다음으로 성품 분야가 더 중요한 이유로는 이 사회나 기업에서는 성적은 기본이요, 성품을 중요시하기 때문이라고 설명합니다.

그런 다음 '코이의 법칙(코이 물고기)'을 함께 읽고 '환경에 따라 결과는 어떻게 달라지고 있는가?'에 대하여 질문합니다.

물론 다양한 답이 나오겠지만 격려와 함께 칭찬을 해 줍니다.

'환경에 따른' 부연 설명을 하면, 환경은 작은 어항, 연못, 강물이 됩니다.

그러므로 결과는 작은 어항 5~8cm, 연못 15~25cm, 강 90~120cm라고 쓰게 하면 됩니다.

마지막으로 모든 내용을 작성하게 하고 발표하도록 코치하면 됩니다.

중간쯤 '역량을 알아보자'에서 역량이란? 기술, 자격, 조건, 능력 등임을 말해주고, 코칭 중간중간에 몇 친구를 불러내어 나의 비전과 목표를 발표하게 합니다. 이어서 꿈 찾기 소감문은 가능하면 모든 참가자에게 발표하도록 하면 교육 효과가 배가 됩니다.

1) 이야기 풀어가기

꿈 리더의 성품(1)

꿈 리더들의 공통점을 알아보자

(1) 꿈 리더들은 어떠한 공통점을 가지고 있을까?

①

②

③

학습 분야와 성품 분야를 알아보자

(1) 학습 분야의 종류는 무엇인가?

(2) 성품 분야의 종류는 무엇인가?

(3) 왜, 성품 분야가 더 중요한가?

①

②

③

나의 비전과 목표 찾기(2)

코이의 법칙

관상어 중에 '코이'라는 잉어가 있다. 이 잉어를 작은 어항에 넣어 두면 5~8센티미터밖에 자라지 않지만 커다란 수족관이나 연못에 넣어두면 15~25센티미터까지 자란다고 한다. 그리고 강에 방류하면 90~120센티미터까지 성장하기도 한다. 꿈은 코이라는 물고기가 처한 환경과도 같다. 꿈의 크기가 크면 클수록, 더 큰 꿈을 이룰 수 있다.

코이의 법칙 자료 분석(3)

(1) 환경에 따라 결과는 어떻게 달라지고 있는가?

①

②

③

2) 이야기 키워가기

(1) 코이 물고기가 우리에게 주는 교훈은?

(2) 나의 강점 5가지를 적어본다.

①

②

③

④

⑤

나의 비전과 목표 찾기

꿈과 목표를 어떻게 실현할 것인가?

과거의 나의 꿈은?

지금의 나의 꿈은?

⑴ 나의 구체적인 꿈은?

⑵ 이 꿈을 가지게 된 동기는?

⑶ 이 꿈이 나에게 필요한 이유는?

미래의 나의 이미지

지금부터 10년 후, 나는 _____

_____ 에서 _____ 을 하고 있을 것입니다.

20년 후, 나는 _____

_____ 에서 _____ 을 하고 있을 것입니다.

3) 생각 성공미션

나의 꿈과 목표 찾기를 문서화합니다.

꿈의 역량(기술, 자격, 조건, 능력 등)을 올바로 알아야 합니다.

꿈을 이루기 위해 필요한 역량은?

(1)

(2)

(3)

꿈을 이루기 위한 중간 목표와 과정

(1) 지금 당장 하고자 하는 나의 목표를 기록합니다.

(2) 오늘부터 투자하고 싶은 역량은 무엇인지 기록합니다.

(3) 지금 하고 싶은 일과 그 이유는 무엇인지 구체적으로 적습니다.

위의 꿈을 이루기 위한 각오와 다짐

(1) 방해 요소는?

(2) 지금부터 _____ 실천해 보고

_____ 을(를) 극복할 것입니다.

20   .   .

작성자   인

이야기 근거

"너희 안에서 행하시는 이는 주님이시니 자기의 기쁘신 뜻을 위하여
너희로 소원을 두고 행하게 하시나니"(빌 2:13)

이 말씀의 의미는 '행하시는 이' 즉 주님께서 진정한 우리의 주인이심을 보여주며,
우리의 결심과 소원까지도 인도하시는 분임을 말씀하고 계십니다.

그렇다고 해서 본 절이 인간의 자유의지나 책임적 선택을 무시하는 것은 아닙니다.

주님은 일의 계획과 성취에 있어서 그 모든 것을 인도하시되 강제적인 방법이나
수단으로 하시지는 않습니다.

이런 주님의 주권적 개입은 그리스도인의 인격을 조금도 손상시키지 않습니다.

이것은 비록 온전히 이해할 수 없을 만큼의 신비일지 모르지만
바울이나 성경이 명백히 증거하는 교훈입니다.

그러므로 꿈을 가진 자는 주님이 원하시는 비전을 펼쳐야 합니다.(빌 2:13)

chapter four

화법을
동기 부여하라

▨ 기적 맘들의 화법

화법 즉 대화법을 동기 부여하라. 대화법은 다양하게 공부하고 또 공부하지만 생활 속에 익숙하지 못한 것이 사실이다. 본 장에서는 대화를 잘 할 수 있는 방법들을 알아보자. 먼저 청소년들의 대화법을 알아보자. 아이를 만나면 말문을 열도록 유도해야 한다. 아이의 말에 "그 얘기 좀 해봐", "듣고 싶은데", "너한테 아주 중요한 문제라는 생각이 들어." 등으로 대화로 이끌어보자.

특히 아이가 침묵하고 있을 때는 다그치면 절대 안 된다.

이유는 대화 중에 아이가 침묵하는 것은 다음 말을 생각 중이거나, 부모에게 이야기해 봐도 소용없다고 생각할 때, 나타날 수 있는 행동이라고 보면 맞을 것이다.

그리고 청소년들 앞에서 잔소리는 금물이다.

사춘기를 겪고 있는 민감한 아이에게 잔소리를 한다는 것은 기름이 불타고 있는데 물을 붓는 격이 된다.

또한 주변 사람들과 대화하는 법도 있다. 가까워지기 위해서는 대화를 자주 하는 것이 가장 중요하다.

대화를 풀어가기 위해서는 우선 상대방의 말을 잘 들어주어야 한다.

대화에 임하는 자세는 듣기부터 잘해야 한다.

상대방의 말을 들을 때에는 일단 하던 일을 멈추고 성의를 보여야 한다.

다 듣고 난 다음 나의 마음을 전달해 보라. 신기할 정도로 상대방이 내 편이 되어 줄 것이다.

나를 성장시키는 대화법 몇 가지를 보자.

1. 같은 말이라도 때와 장소를 가려서 해라. 말에도 온도가 있으니 썰렁한 말 대신 화끈한 말을 한다.

2. 내가 하고 싶은 말에 열 올리지 말고, 상대가 듣고 싶어 하는 말을 한다.

3. 상대방을 보며 말하라. 눈이 맞아야 마음도 맞게 된다.

4. 한번 한 말을 두 번 다시 하지 말아야 한다. 듣는 사람을 지겹게 하려면 그렇게 하라.

5. 일관성 있게 말하라. 믿음을 잃으면 진실도 거짓이 되어 버린다.

6. 말을 독점하지 말고 상대방에게도 기회를 주어라. 대화는 일방통행이 아니라 쌍방통행이기 때문이다.

7. 상대방의 말을 끝까지 들어줘라. 말을 자꾸 가로채면 돈 빼앗긴 것보다 더 기분 나쁘다.

공.감.대.화

내가 너 때문에 못살아!   - 엄마도 담배 폈잖아요
후회할 걸 왜 그랬을까?   - 제 장점도 봐 주세요

수민이의 꿈

여학생인 수민이는 꿈 교육을 할 때마다 눈에 띄는 친구였다. 말은 항상 없었지만 꿈 교육 시간만 되면 정확하게 나타났다. 다른 친구들은 서로 이야기도 하고 시끄럽게 장난치기도 한다. 그러나 수민이는 좀 다른 모습으로 앉아 있곤 했다. 그런데 꿈 교육 중 질문을 하면 남다른 면이 보였다. 질문이나 퀴즈를 푸는 것이 다른 친구들과는 좀 달랐다. 어느 날 수민이를 불러 물었다. "수민아! 너는 소장님 수업을 한 달 정도 늦게 들었잖아! 그러니 보충을 좀 하야겠는데…어때?" 그러자 "네 좋아요"라고 대답했다. 우리는 일요일 오후 두 시로 약속하고 헤어졌다. 일요일이었다. 수민이와 약속한 장소에서 만나게 되었다. 수민이는 매우 적극적이었다. 수민이가 당시에 중1이었다. 수민이에게 "꿈이 뭐야?"라고 물었다. 없다고 했다. 공부는 좀 하냐고 물었더니 "별루예요"라고 대답했다. 부모님은 뭐하시냐고 묻자 "엄마는 직장, 아빠는 작은 가게 하셔요."라고 했다. 나는 수민이의 연습장을 보고 조금 놀랐다. 그림 때문이었다. "그게 뭐야 오! 잘 그리는데," "창피해요, 보면 안 돼요. 안 된단 말이에요" "괜찮아 잠깐만 보자." 수민이는 몇 번이고 뿌리치며 연습장을 뒤로 숨겼다. 저는 잠시 숨을 고

르고 이야기를 이어갔다. "사실 소장님 둘째 아들도 미대 다니거든. 처음에는 그림을 잘 그리는 줄 몰랐었지. 그놈이 글쎄 중학교 1학년 때 공부도 별루고, 성적 역시 중간밖에 안 가는 거야. 그런데 어느 날 우연치 않게 초등학교 6학년 졸업앨범을 본거야, 맨 뒷장에 반 친구들이 한마디씩 써준 얘기 있잖아? 거기에 뭐라고 써 있냐면 '너는 이다음에 만화가 되라, 너는 그림 잘 그려 좋겠다, 이 다음에 화가 되라' 등 온통 그림 얘기만 써있는 게 아니겠어? 그래서 그 뒤로 만화작가님께 전화하고, 입시 미술학원 찾아가 등록했지, 그후 예술고등학교에 입학했고 실기부문 1등으로 대학에 들어갔어."라며 이야기를 들려주자 수민이는 "그래요?" 눈이 갑자기 빛나기 시작했다. 그날 수민이와 꿈 교육을 진행하면서 가장 잘 할 수 있는 것이 그림 그리기라는 것을 발견하고는 장래희망을 만화가로 정했다. 홍익대학교 미대 가기로 약속하고 헤어졌다.

이후 전교 50등을 맴돌던 수민이는 이듬해 중간고사에서 전교 4등까지 치고 올라왔다. 꿈과 목표가 수민이를 움직이게 한 것이었다. 2년이 지난 어느 날, 수민이는 입시 미술공부를 열심히 하며, 학업도 게을리 하지 않는다는 소식을 들었다.

그렇다. 우리의 청소년들! 무한한 잠재력을 가진 그들에게 꿈과 희망을 불어넣는다면 얼마나 멋진 학창시절이 될까?

1
사업가로
불리는 거지

거지 사장 예화는 어떤 환경에서도 잘 어울리는 예화입니다. "거지가 사장된 이야기해줄까?" 다들 귀가 솔깃해집니다. "거지도 사장이 될 수 있다니까?" 궁금증을 유발시키고는 한 사람을 앞으로 불러냅니다. 물론, 볼펜한 자루를 들도록 해야겠지요? 앞으로 불러낸 친구를 상대역 거지로 만듭니다. 지도사는 교수님 역할을 하면 됩니다. 도움이 많이 되는 예화입니다. 물론 예화의 위력은 예화를 들려주는 사람의 몫이 아닐까요? 표정부터 제스처까지 리얼하게 하여 녀석들의 사고를 바꿔놓아야 합니다. 그러면 당당하게 자신을 드러내는 청소년들이 될 것입니다.

거지 사장

어느 날 아침, 거지가 지하도 입구에서 볼펜을 팔고 있었어요. 지나가는 사람들을 붙들고 "아저씨 볼펜 좀 팔아주세요. 아주머니, 볼펜 한 자루 만요" 라고 외치지만, 바쁜 출근 시간에 누가 사주겠어요. 다음 날도,

그 다음 날에도, 몹시 지친 상태에서 볼펜을 들고 외칩니다. "아저씨! 볼펜 좀 팔아주세요. 아가씨! 한 자루만 부탁합니다." 며칠 후였습니다. 교수님 한 분이 지나가다가 너무 안타까운 나머지 볼펜 가격을 묻자 "네 1,000원입니다."라고 대답합니다. 천원을 내고 볼펜을 받아든 교수님은 전철을 타기 위해 지하로 내려갑니다. 잠시 생각하다가 그 거지에게 돌아가서는 "이 볼펜을 다른 사람들에게 파시죠?" 그리고 나서 거지에게 한마디 남깁니다. "아저씨, 아저씨는 훌륭한 사업가시네, 대단한 사업가란 말입니다." 라는 말을 건네고는 가버립니다. 중요한 것은 지금부터입니다.

도대체 교수는 왜 거지를 보고 사업가라고 했을까요? 자신감을 주려고, 깨달음을 주려고, 이대로 살면 안 되니까 등의 의견들이 나오겠지요.

그날 밤이었습니다. 거지는 낮에 만났던 그 신사분의 말이 자꾸 떠올라 잠을 이룰 수가 없습니다.
'난 거지인데 왜 나더러 사업가라고 했을까? 그것도 훌륭한 사업가라고.'
거지는 다음날도 그 다음날도 신사분이 했던 말이 귓전을 떠나지 않았습니다.

그러던 어느 날, 거지는 무릎을 탁 치며 소리쳤습니다.
"아! 맞네, 나 사업가 맞아, 훌륭한 사업가!"
다음 날 아침이었습니다. 거지는 전날과 같은 그 자리에서 볼펜을 들고 외쳤습니다. "여러분! 이 볼펜 사시면 오늘 좋은 일이 생깁니다. 좋은 볼펜입니다." 했더니 몇 사람이 와서 사는 겁니다. 너무나 신나고 기쁘기도 하였습니다. 다음 날에는 옷을 깨끗이 빨아 입고 멋진 모습을 하고 외쳤습니다. "자, 행운의 볼펜이 왔습니다. 이 볼펜을 사시는 분, 기분 좋은 하루가 될 것입니다. 행운의 볼펜이거든요. 선물하시죠?"라며 목 놓아 외쳤습니다.

이 사람이 교수님을 만나기 전과 이후의 차이점은 무엇일까요?

1) 이야기 풀어가기

해결책을 제시하는 말투

누구든지 자신의 결점을 끄집어내어, 고치라고 할 때 그 충고를 받고 행동에 옮기는 사람은 그리 많지 않을 것이다.

이런 경우 마음속으로는 '무슨 참견이야!' 하고 불만을 가지게 됩니다.

결국 해결책을 제시하는 말투는 상대방으로 하여금 나쁜 감정을 유발하게 됩니다.

다음의 대화는 상대방의 기분을 상하게 하는 'You-message'입니다.

(1) 명령하는 말투

예) "이것 좀 치워." "숙제하고 놀라고 했잖아."

(2) 경고·위협하는 말투

예) "지금 말을 듣는 게 좋을 거야, 말 안 들으면, 후회하게 될 거야."

(3) 위의 말투들로는 상대방의 감정을 상하게 할 뿐, 해결책이 될 수 없습니다.

2) 이야기 키워가기

(1) 대화에는 상대방의 기분을 상하게 하는 'You-message' 너 전달법 (명령, 지시)의 대화 방법이 있습니다.

① 지시하고 명령하는 말투

예) "이것 좀 치워" "다 하고 놀아라" 등 '무엇을 해라 또는 하지 마라'는 명령의 말투입니다.

② 경고나 위협하는 말투

예) "지금 말 듣는 게 좋을 거야, 말 안 들으면, 후회하게 될 거야."

이러한 말투는 명령의 말투로 듣지 않을 때, 보다 강력하게 말하는 표현 방식입니다.

이런 말투는 상대방에게 반항과 저항을 유발하는 말투입니다.

③ 정신적으로 좌절감을 가지게 하는 말투

상대방에 대해 비난한다면, 상대방의 기분은 어떻겠는가? 몹시 화가 나기도 하고 참기가 아주 힘들 겁니다.

또한 공격적으로 맞서려고 할 것이 불 보듯 뻔합니다.

이처럼 정신적으로 좌절감을 느끼게 하는 말투를 주변에서 종종 보게 됩니다.

예) "너 철들려면 아직도 멀었구나." "그런 식으로 하면 성공하겠어?" 등입니다.

그러므로 평가나 비난하는 말투, 명령, 지시하는 말투를 사용하지 말아야 합니다.

우리가 생각하는 좋은 말투로 바꿔서 적어봅니다.	
1 명령하는 말투	"이것 좀 치워라"

우리의 대답 -　　　　　자상한 말투:

2 경고·위협하는 말투	"지금 말 듣는 게 좋을걸"

우리의 대답 -　　　　　자상한 말투:

3) 생각 성공미션

'나' 전달법의 언어, 긍정의 언어를 사용해야 합니다.

⑴ 본문 예화에서 사람들은 구걸하듯이 물건을 팔면 사 주지 않습니다.

⑵ 자신이 힘든 환경에 있더라도 당당한 모습이 더욱 중요합니다.

⑶ 무슨 일이 닥치더라도 당당하게 밀고 나갈 수 있는 자신감과 지혜가
필요합니다.

⑷ 사회로 나갈 준비를 하는 사람이 되어야 합니다.

⑸ 주변 사람과 어떤 방법으로 대화하는 것이 용기 있는 사람일까요?

니고데모가 늦은 밤에 예수님을 방문합니다.

니고데모의 질문은 "당신은 주님이 보내신 분이라는 것을 잘 알고 있습니다.

주님이 함께하시지 아니하면 표적을 행할 자 아무도 없습니다."

예수님의 생각과 대답은 "너는 훌륭한 선생이다

다만 네가 좋은 사람이긴 하지만 아직 거듭나지 않았다.

주님 나라를 보려면 반드시 거듭나야만 한다."라고 말씀하십니다.

예수님이 말씀한 거듭남이란?

문자 그대로 해석하면 '위로부터 태어난다'는 뜻입니다.

예수 그리스도를 믿는 믿음으로 마음의 변화 속에

말씀과 성령 체험으로 영적 변화를 받아 새롭게 태어나는 것입니다.

거듭남과 깨달음의 삶은?

주님 나라를 깨닫는 삶을 뜻합니다.

주님 나라에 들어가는 은혜를 받은 삶입니다.

허물과 죄로 죽었던 영이(창 2:17; 엡 2:1) 살아나서

주님과 생명의 관계로 회복되고

공급하시는 성령의 능력을 힘입어 성결케 되는 삶을 말합니다.

성화를 거쳐 영화의 경지에까지 이르는 삶을 사는 것(요 15:1-6)이

곧 거듭남의 삶입니다(요 3:16-21).

2
수동의 반대말이
자동이 아니라고?

이러한 내용이 예화가 될 수 있을까요? 예화라기보다 교훈에 가깝습니다. 하지만 아이들은 당연한 얘기보다 뭔가 느낌이 있고 실제적인 이야기를 좋아합니다. 이야기를 들려주면서 "훌륭한 분들은 이러한 태도를 가지고 생활했단다." 라고 말하면 더욱 좋아합니다. 저의 경험으로 보아 '예화 다섯 편'이면 아이들의 사고가 바뀝니다. 이 예화집을 다 적용하고 나면 능동적인 행동을 하게 될 것입니다. 꼭 적용해 보시기 바랍니다.

수동적과 능동적

"여러분 수동의 반대말이 뭘까요?" "자동이요."

수동이란? 받을 수(受), 움직일 동(動). 받아서 움직이는 것이니까, 누가 시켜서 하는 것이지요.

"그럼 시켜서의 반대말은 무엇일까요?" "스스로입니다." "잘 맞췄어요." 다시 묻습니다.

"그렇다면 수동의 반대말은 무엇일까요?"

니은과 디귿 들어가는 두 글자입니다. 'ㄴ, ㄷ' 두 글자 말입니다.

그렇지요 답은 능동입니다.

능할 능(能), 움직일 동(動). 결국 스스로 내켜서 움직이거나 작동하는 것이니까 스스로 움직이는 것이 되겠네요.

능동적인 사람과 수동적인 사람의 차이는 무엇인지 구분해 봅니다.

아이들에게 큰 소리로 질문해 봅니다.

"능동적인 사람은 성공할 확률이 높을까요, 낮을까요?" "높습니다."

"능동적인 사람은 소극적일까요. 적극적일까요?" "적극적입니다."

"능동적인 사람은 긍정적일까요, 아니면 부정적일까요?" "긍정적입니다."

"희망적일까요? 공부는 스스로 할까요?" 등의 질문을 하면 위와 같은 대답이 나옵니다.

그렇습니다.

반면에 수동적은 능동적의 반대의 경우로 나타나겠지요.

"수동적인 사람은 성공할 확률이 높을까요, 낮을까요?" "낮습니다."

이런 방법으로 참고하여 지도하면 됩니다.

1) 이야기 풀어가기

(1) 권유와 질문 화법

너로 시작하는 '너-전달법'은 비난의 말투로 상대방의 기분을 상하게 하기가 쉽습니다.

비난을 받으면 감정이 상하게 되겠지요. 그런 비난 속의 대화는 서로의 관계를 악화시킬 뿐입니다.

반대로 '나-전달법'은 상대방의 기분을 좋게 만듭니다.

우선 문제에 대해서 내 생각을 말하고, 그 문제가 그렇게 된 이유에 대해서 질문과 함께 앞으로는 이렇게 해 달라고 권유하면 얼마나 좋을까요.

예) 늦게 왔을 때의 반응 "너무 걱정했어. 왜 늦었어?" 하고 질문하면 상대는 오히려 기다리는 사람을 걱정하고 미안해하며, 본인이 늦은 이유를 이야기하게 될 것입니다.

(2) I-message 선택의 화법

어떤 문제에 대해 요구가 있을 때, 상대방으로 하여금 선택하도록 행동과 상황을 구체적으로 말합니다.

이 때 두 가지 상황 중에 한 가지를 선택하도록 이끌어 가는 대화를 말합니다.

예) "심부름 좀 해 줄 수 있어?"

"지금! 도와주면 좋겠는데… 도와줄 거야!"

"아니면 나중에 도와줘도 돼." "나중에 할래요.(○)"

"나중이면 한 시간 후에 할 거야? 아니면 두 시간 후쯤 해 줄 거야?"

"두 시간 후에 할게요."(○)

이렇듯 상대방이 선택하도록 대화를 이끌어 가게 되면, 상대방은 자신이 선택했으므로 해낼 확률은 더욱 높아지게 됩니다.

다음의 4가지 화법을 함께 생각하고 각자의 생각들을 적어 넣게 합니다.

각자 적고 있을 때 지도사는 다가가서 한 가지씩의 생각을 말하게 합니다.

소감을 적게 하고 발표하게 하면 자존감과 자신감이 높아지게 됩니다.

2) 이야기 키워가기

앞에서 배운 내용을 충분히 생각하고
아래의 내용에 내 생각을 적어 넣습니다.

"네가~해서"라는 표현보다는 "내가~하다"라는
표현을 사용하는 것이 좋습니다.

1	권유대화법	① ② ③
2	질문대화법	① ② ③
3	선택의 대화법	① ② ③
4	명령대화법	① ② ③

3) 생각 성공미션

희망적인 대화가 능동적인 사람을 만듭니다.

(1) 수동적인 사람보다 능동적인 사람이 됩니다.

(2) 창의적인 교육과 대화, 주도적인 행동을 합니다.

(3) 대학이나, 미래사회는 능동적인 사람을 원합니다.

(4) 'You-message' 보다 I-message를 사용합니다.

(5) 삶 속에서 능동적이고 적극적인 생활방식은?

이야기 근거

"나사로야, 나오라!"

나사로는 누구입니까? 베다니 마을에 사는 마리아와 그 자매 마르다의 병든 오라버니입니다.

누이들이 사람을 보내어 병든 나사로 소식을 예수님께

"사랑하시는 자가 병들었나이다."라는 말로 전합니다.

예수님은 "이 병은 죽을병이 아니라 주님의 영광을 위함이요

주님의 아들이 이로 말미암아 영광을 받게 하려 함이라"고 말씀하십니다.

죽은 나사로에게 나흘 만에 가신 이유가 있습니다.

세상에서는 어떤 소망도 없는 상태에서 나사로를 살려 부활의 능력을 증거하시기 위함입니다.

죽은 지 나흘이나 된 나사로의 무덤으로 찾아간 예수님은

무덤 속에 있는 나사로에게 명령하십니다.

"나사로야, 나오라!"

그렇습니다. 명령은 명령할 위치에 있는 명령권자만이 명령할 수 있습니다.

죽음의 권세를 물리치신 예수님을 우리 구주로 모시고 살아야 하겠습니다.

복음을 널리 전하며, 주님께 영광 돌리는 삶을 살아야 하겠습니다(요 11:1-44).

3
거절보다 더
큰 힘

이 이야기는 본 소장이 직접 만났던 『거절을 거절하라』의 저자 이야기입니다. 저자를 만나 뵙고서 너무 감동을 받아 만든 예화입니다. 그는 멋진 분이었고, 생활력과 추진력이 강한 분이셨습니다. 지금은 출판사를 운영하면서 책 쓰는 분들을 돕고 있다고 합니다. 저도 그분과의 대화를 통해 책을 내고 싶다는 욕구가 강하게 들었습니다. 저자의 말에 의하면 책은 제목이 절반의 성공을 가져다준다고 합니다. 지금 읽고 계신 '꿈이룸코칭'은 내용에 어울리는 멋진 제목으로 독자의 사랑이 넘치기를 원합니다. 아래 제시한 예화를 통해 '그래 나도 그 분처럼 살아야겠다.'라고 다짐했으면 합니다.

<거절을 거절하라>
'여러분! 한 젊은이가 소아마비로 태어났어요. 그는 많은 놀림을 받으면서 학창시절을 보냈지요. 그는 시골에서 고등학교를 어렵게 마치고, 서울에 가서 취직을 하기로 마음먹었답니다. 불편한 몸을 이끌고 직장에 들어가고자 면접을 보러 다닙니다. "저 면접 보러 왔는데요?"라고 말하자 사장님은 위아래를 훑어보고는 "다음에 연락할게요."하고는 연락이 없더랍니다. 여러 직장에 원서를 내 보았지만 가는 곳마다 퇴짜를 맞다 보니 너무 지쳐 있었지요. '더 이상 안 되겠다. 혼자서 할 수 있는 일을 생각해 봐야겠어.'라는 생각으로 젊은이는 직장보다는 혼자 할 수 있는 일을 찾게 되었답니다. 그 후 세일즈맨이 되었고, 집집마다 방문하면서 단골 고객을 만들어 갑니다. "저 책 좀 사세요. 아이들에게 좋은 책이 많습니다."하며 이집 저집 벨을 눌러댔지요. 그러나 거절을 밥 먹듯이 당한 젊은이는 이 일이 마지막 일이라 생각하고는 '그래! 거절 그까짓 거 뭐'하며 거절을 당할 때마다 마음을 더욱 강하게 다졌답니다. 그가 경험 속에서 생각했던 그 한 문장이 그의 인생을 바꿔놓게 됩니다.

그의 인생을 바꿔놓은 한 문장이 무엇이었을까요?

그는 많은 거절 속에서 그 거절을 즐겼답니다. '그래 그 거절을 내가 거절하면 되지 뭐' 하면서 오히려 거절을 즐겼습니다. 결국 고객들과 친해졌고 성공했습니다. 그는 성공한 경험담을 『거절을 거절하라』라는 제목으로 책을 냈고 그 책이 베스트셀러가 된 것입니다.

여러분도 그 사장님처럼 강인한 사람으로 살아가면 좋겠습니다.

1) 이야기 풀어가기

아래 '이야기 키워가기'의 진정한 대화의 교훈은 학생 입장에서 부모님께 요청하는 내용입니다.

멘티와 함께 공감하도록 합니다.

아이들의 경험담을 챕터(장)마다 돌아가면서 듣도록 합니다.

모르는 핵심 단어는 직접 찾도록 하여 대표성을 가진 한 명에게 읽도록 합니다.

(1) 떠밀기보다…

(2) 얕보지 마시고…

(3) 일관성 있는 교육…

(4) 무조건 이기려 마시고

(5) 인정, 위임

(6) 부모의 소유라 생각지 마시고

(7) 부모가 교과서

(8) 가능성을 봐달라는 점

(9) 특별한 점을…

(10) 아부보다 진실을…

다 읽었으면 한 줄씩 설명해 가면서 아이들의 생각을 듣고, "오우! 좋은 생각," "또 다른 친구"라고 하며 돌아가면서 생각을 말하게 하고,

한 줄 내 생각을 쓰도록 지도합니다.

이후 부모님에 대한 감사 발표를 하도록 이끌어 줍니다.

2) 이야기 키워가기

진정한 대화의 교훈

부모가 자녀의 말에 귀를 기울이면, 자녀가 생활하는데 재도약의 첫걸음이 됩니다.

(1) 너무 떠밀기보다 정도를 걷는 것이 빠른 길이라는 점을 알아주세요.

(2) 너무 얕보지 마시고, 우리의 세계가 부모의 관찰보다 훨씬 깊다는 점을 봐주세요.

(3) 감정을 퍼붓지 마시고, 원칙과 일관성 있는 교육을 해 주세요.

(4) 무조건 이기려고 하지 마시고, 부모의 요구가 모두 성공을 가져다주는 것은 아니라는 점입니다.

(5) 칭찬을 아끼지 마시고, 용기와 인정, 위임을 통한 긍정적 태도로 키워주세요.

(6) 자녀를 부모의 소유라 생각하지 마시고, 감사함으로 키워주세요.

(7) 위치를 망각하지 마시고, 부모가 모범적 교과서임을 보여주세요.

(8) 현재만을 보지 마시고, 그 가능성과 미래상을 봐주세요.

(9) 일반화하지 마시고, 특별한 점이나 소질과 개성이 있다는 점을 봐주세요.

(10) 가용도 아부도 하지 마시고, 책망과 훈계도 진실을 바탕으로 해 주세요.

부모님에 대한 감사 발표

① 지금부터 _____ 생활 원칙의 교훈을 말씀드리겠습니다.

② 오늘의 실천 원칙은 _____ 입니다.

③ 이에 대한 실천 다짐은 _____ 입니다.

④ 또한 이 원칙을 실천함으로 저에게는 _____ 하는데 큰 도움이 되리라고 확신합니다.

여러분도 _____ 했으면 하는 바람입니다.
감사합니다.

3) 생각 성공미션

젊은이는 어려운 처지인데도 한 가지 일에 집중하였습니다.

(1) 결국 열심히 노력한 끝에 성공을 했습니다.

(2) 그의 인생을 바꿔놓은 한 문장이 무엇일까요?

(3) 『거절을 거절하라』는 베스트셀러가 된 책 제목입니다.

(4) 여러분도 10년 후 또는 20년 후를 위해 유혹을 강하게 거절하십시오.

(5) 진정한 대화를 위해 우리의 태도가 어떠하면 좋을까요?

이야기 근거

예수님의 기도문 중 주님을 향한 세 가지 기원은?

1. 주님의 이름이 거룩하게 여겨질 것

2. 주님께서 다스리는 나라가 이루어 질 것

3. 주님의 뜻이 이 땅에서 이루어질 것

사람을 향한 네 가지의 기원은?

1. 우리에게 일용한 양식을 주실 것

2. 우리의 죄를 용서해 주실 것

3. 우리가 시험에 빠지지 않도록 해주실 것

4. 우리를 악에서 구해주실 것

이러한 내용을 담고 있습니다.

예수님께서 주신 기도문을 묵상해보세요.

주님께 진심으로 기도하는 사람이라면 주님과 '진정한 대화'를 하는 사람입니다.

예수님은 기도문을 통해 우리에게 다른 사람들의 잘못을 용서하여 주는 '관용의 삶을 살아갈 것'을 가르쳐주셨습니다.

사람과 사람의 관계가 원만할 때, 주님께서 우리를 기쁘게 받아주실 것입니다(마 6:9-15).

chapter **five**

일관성의
원칙

▨ 일관성 교육

아이들의 입맛이 달라졌습니다. 교수법을 혁신해야 합니다.

모든 교육의 시기는 아이마다 때가 각각 다릅니다. 맞춤식 교육이 곧 교수법입니다.

'아! 그렇구나.' '아! 이렇구나'의 차이를 어떻게 하면 아이들에게 깨닫도록 할 수 있을까요?

선생님들이 아이를 대하는 태도가 달라져야 합니다.

교육 프로그램을 끊임없이 개발해 내야 합니다.

'조용히 해!' 외마디 소리에도 떠드는 아이들… 반장의 외마디소리에 반 분위기가 잡힐까요?

'소리 지르는 선생님도 자격 있을까요?' 없습니다.

인성교육에 국민의 혈세를 물 쓰듯 하는 나라입니다.

인성이 삐뚤어져 있는 아이들을 위한 투자는 당연한 것이겠지만…

교직원 식당에서 선생님들의 한결같은 소리, '그 녀석 때문에 미치겠어… 또 학폭 열린대…'

체념해버린 선생님들! '일찍 명퇴해야지… 퇴직금이 사라지기 전에…'

6학년 담임 못 맡겠다는 선생님의 입장을 이해해야 합니다. 오죽하면 전근 온, 그 선생님을 희생양으로 삼아야 한다는 말이 나올까요? 가정이나, 학교나, 우리 사회가 원칙이 있어야 하지 않을까요? 아! 그렇구나. 아! 이렇구나. 차이점을 분명하게 깨닫도록 해주는 그런 일관성 있는 교육 말입니다.

그렇습니다. 아이들의 입맛에 맞는 교육을 하기 위해서는
첫째, 일관성 있는 교육을 해야 합니다.
둘째, 교육 준비를 철저히 해야 합니다.
셋째, 칭찬을 아끼지 말고 용기와 인정, 위임을 통한 긍정적인 말로 이끌어 주어야 합니다.
넷째, 현재만 보지 말고 가능성과 미래상을 봐야 합니다.
다섯째, 일반화하여 보지 말고, 특별한 점이나 소질과 개성을 중시 해야 합니다.
이상의 원칙들을 적용하여 새로운 일관성 교육을 하시기 바랍니다.

공.감.대.화

아들! 네가 왜 거기서 나와~   노래방이 어때서요?
노랑머리가 사랑스럽구나!   -돈 많이 벌어 효도할 게요

일진 쌤이 되어라

MBC 방송 프로그램 <코미디에 빠지다>에서 "일진 쌤"이란 프로가 있었습니다. 아이들을 지도하는 저로서는 재미있게 보곤 했습니다. 이 이야기는 일진 행동을 하는 고등학생들을 지도하는 선생님의 이야기인데 간단히 소개하자면, 교생실습을 나온 권영기 선생님이 등장하면서 벌어지는 해프닝입니다. 아이들은 평소에 하던 대로 먼저 선생님 간을 봅니다('간 본다'의 뜻은 마음대로 해도 되는지 일탈 행동으로 선생님을 테스트해 보는 것). 아이들이 선생님께 말합니다. "어이, 교생 선생! 적당히 합시다." 그러고는 친구들끼리 장난을 치고 선생님의 말을 듣지 않습니다. 초보 선생님이라면 곤혹스러울 것입니다. 하지만 권 선생님은 조폭의 보스였습니다. 아이들에게 본 모습을 보여주며, 아이들을 제압합니다. 그런 콘셉트의 코미디입니다.

저는 이 코미디에는 상당한 심리학이 들어 있다고 생각합니다. 짧은 한 편의 코미디를 만들기 위해 많은 분들이 동원된다고 들었습니다. 코미디 내용을 좀 더 설명하자면 아이들의 보스(학생 짱)가 등장하면서 일진 쌤과 기 싸움을 합니다. "아이 나 진짜, 아이 나 쪽팔려." 등을 연발하며 학생

짱이 등장합니다. 학생 짱은 선생님을 자기 마음대로 요리합니다. 일진 쌤은 더 이상 참지 못하고 아이들에게 말합니다. "얘들아! 선생님 스트레스 많이 받는다. 스트레스 풀어도 될까?" 아이들이 대답합니다. "풀든가 말든가요, 맘대로 하세요." 선생님은 미리 준비한 칠판을 내려찍기 발차기로 박살을 냅니다. 학생 짱은 기가 꺾여 선생님 말에 복종하게 됩니다.

이처럼 아이들은 늘 선생님을 존경의 대상과 놀이의 대상으로 보고 있는 것입니다. 여기서 우리들의 일반적인 학교 현실을 들여다보겠습니다. "미치겠다. 걔가 선생이냐? 정말 짜증나!" 얼마 전 사회복지기관에서 강의를 했었는데, 각 학교에서 선발되어 온 중학생들의 대화입니다. 이러한 학생들을 어떻게 다뤄야 할까요? 방법이 있습니다. 그동안 교육하면서 터득한 방법은 맡은 반 친구를 개인적으로 만나서 진심어린 부탁을 하는 것입니다. 그러면 효과가 나타납니다.

청소년 시기는 군중심리가 있기 때문에 집단에서는 개인적인 행동을 하기가 어렵습니다. 하지만 조용한 환경에서 개인적으로 빵이라도 사주면서, 선생님의 입장을 이야기 해보세요. 수업 분위기 흐리지 않게 도와 달라고 부탁하면 들어줄 것입니다. 사실 일탈학생들은 공부할 시기에 공부보다 사회를 먼저 배웠기 때문에, 공부에 대한 개념보다는 사회의 개념을 더 많이 알고 있습니다. 이 점을 충분히 이해하고 오히려 그들의 자존감을 살려주면 학생들이 선생님 편이 될 것입니다.

1
값이 올라가는
도자기

어느 도자기상이 도자기 세 점을 팔고 있습니다.

지나가던 도자기 수집가가 말합니다.

"도자기 한 점이 얼만가요?" 하고 묻자 "네 오백만 원입니다."

"사고는 싶은데 비싸네요. 좀 깎아주시죠?"

도자기상은 "안 됩니다. 소중한 물건이라서 깎아줄 수가 없네요."

깎아 달라고 귀찮게 굴자, 도자기상은 도자기 한 점을 내리쳐서 박살을 냅니다.

도자기 수집가는 깜짝 놀라며,

"아니 왜 귀한 것을 깨십니까? 그 귀한 것을!"하고 말하며 안타까워했습니다.

도자기 수집가는 다시 물었습니다. "그럼 이 도자기는 얼마죠?"

도자기상이 대답했습니다. "천만 원입니다."

도자기 수집가는 얼굴을 일그러뜨렸습니다. "아까는 오백만 원이라 했잖아요?"

"네, 두 점이 남았기 때문에 귀한 거지요."

오백만 원에 달라고 계속 조르자 또 한 점을 박살냈습니다.

나머지 한 점이 남자, 이것은 얼마냐고 묻고 싶었지만

또 깨뜨릴 것 같아서 천 오백만원을 주고

도자기를 구입했다는 일화입니다.

작품과 상품 사이

상품이란? 공장에서 여러 개를 만들어내는 제품을 말합니다.

그렇다면 상품의 반대말은 무엇인지 알아보겠습니다.

"친구들아! 상품의 뜻은 알겠지? 그럼 우리들을 무엇이라고 말할 수 있을까?

두 글자인데……

힌트는 '약 80억 인구 중에서 나와 똑같은 사람은 몇 명이나 있을까?'라는 거야.

일란성 쌍둥이 역시 똑같지 않거든, 세상에서 유일하게도 단 한 명뿐인 나, 그런 내가 소중하지 않겠어?"

'세상에서 주님이 만드신 유일한, 정말 단 한 명뿐인 나'

상품의 반대말로서 초성이 ㅈ ㅍ 들어가는 두 자는 무엇이라 말할 수 있을까?

그렇습니다. '작품'입니다. 작품 중에서 그분께서 유일하게 빚어낸 작품은 '나 자신'입니다.

나 자신을 소중히 여겨야겠지요.

또한 나 자신만이 잘할 수 있는 것이 반드시 있기 마련입니다.

그것을 위해 노력해야 하지 않을까요?

1) 이야기 풀어가기

위 내용들을 함께 읽고 생각을 말하도록 합니다.

그리고 '자신감 원칙을 준수하게 하라'에 대해 공부합니다.

아래 자신감 원칙 열 가지를 전과 같이 한 줄 내 생각을 쓰도록 하게 하며, 핵심 단어에 동그라미를 치게 합니다.

모르는 단어는 아이들 스스로 찾아서 발표토록 합니다.

(1) 자신이 생각하는 자신감 원칙을 하나씩 적도록 하고,

지도사가 직접 아이 앞으로 가서 큰 소리로 발표하도록 합니다.

(2) 행동으로, 적극적으로, 생각나면 즉시로,

물론 적자생존(적어야 산다)이 중요합니다.

(5) 책 많이 읽기

(6) 3%의 내가 되는 것이 중요함을 강조

(7) 메모 습관, 플래너의 중요성, 선생님 말씀 듣고 메모, 아이디어가 생각 나면 메모.

지도사의 경험담을 얘기해줍니다.

나의 '실천 다짐서'를 쓰게 하고 돌아가며 전원이 읽게 합니다.

2) 이야기 키워가기

자신감 원칙

(1) 자신이 생각한 자신감 원칙을 지킨다.

(2) 마음먹은 일을 과감히 행동으로 옮긴다.

(3) 사회를 변화시키는 일에 적극적으로 참여한다.

(4) 행동의 중요성을 알고 생각나면 즉시 행동한다.

(5) 성공 도서를 계획적으로 자주 읽는다.

(6) 성공한 3% 사람들의 습관을 따라한다.

(7) 메모 습관을 가지며, 주간 플래너를 쓴다.

(8) 실천적인 사람들과 자주 가까이한다.

(9) 미래의 꿈을 향한 도전을 즐긴다.

(10) 부모님에 대한 감사함을 행동으로 보여준다.

실천의 생활 다짐서

생활 원칙을 가지고 적용할 나의 다짐을 기술한다.

_____

_____

_____

_____

_____

_____

_____

_____

_____

- 남에게 대접을 받고자 하는 대로 남을 대접한다

- 예수님 말씀

3) 생각 성공미션

작품은 작가가 빚어낸 귀하고 소중한 보물입니다.

(1) 그 유일하게 빚어낸 작품이 곧 '나 자신'입니다.

(2) 이처럼 소중한 작품. 그 보물은 부르는 게 값입니다.

(3) 작품인 나 자신을 소중히 여겨야 합니다.

(4) 자신감의 나로 키워가야 합니다.

(5) 부르는 게 값이 되도록 몸값을 높여야 하지 않을까요?

솔로몬은 이스라엘 3대 왕으로, 기원전 971년부터 약 40여 년 동안 이스라엘 왕국을 전성기로 이끈 왕입니다.

다윗과 밧세바 사이에서 태어난 왕의 아들로서, 이집트 왕녀와 결혼하여 동맹을 맺었고, 성전 건축과 국방에 힘을 쏟았습니다.

또한 예루살렘 신전 등 도시 건설, 외국과의 통상을 맺어 이스라엘의 전성기를 이루므로 칭송받은 왕이기도 했습니다.

하지만 과중한 세금, 사치스러운 생활을 함으로써 이스라엘이 분열되는 계기를 제공했습니다.

그는 지혜로웠고 문학에도 뛰어났으며 많은 작품을 남겼지만,

결국, 말년에는 주님 대신 이방 종교의 신들을 숭배하였다고 성경은 기록하고 있습니다.

솔로몬의 기도가 주는 교훈은 무엇이겠습니까?

솔로몬은 기도를 주님의 뜻에 순종하는 마음을 담아 기도함으로 주시는 주님의 응답이라고 했습니다.

기도는 주님의 뜻을 구하고, 그분의 뜻을 따르고자 하는 마음으로 해야 한다고도 했습니다.

이처럼 솔로몬의 기도는 주님께 합당한 기도였음을 우리에게 보여줍니다.

겸손한 기도에 대한 주님의 응답으로

주님은 기도하는 자가 원하는 것 외에도 많은 것들로 채우시며,

겸손한 자를 기뻐하시며, 그 기도에 끝까지 응답해 주십니다.

이 응답이 자신감 원칙의 근본입니다(왕상 3:3-9).

2
돈을 몽땅 써야
부자가 된다

시간의 가치, 그 1년의 가치를 알고 싶다면, 학점을 미달한 학생에게 물어보라고 했습니다. 한 달의 가치를 알고 싶다면 미숙아를 낳은 어머니를 찾아가고, 한 주의 가치는 신문 편집자들이 잘 알고 있을 겁니다. 또한 한 시간의 가치가 궁금하다면 사랑하는 이를 애타게 기다리고 있는 사람에게 물어보시고, 1분의 가치는 열차를 놓친 사람에게 물어보라고 했습니다. 1초의 가치는 아찔한 사고를 순간적으로 피할 수 있었던 사람에게, 1000분의 1초의 소중함은 아깝게 은메달에 머문 올림픽 육상선수에게 물어보자는 것입니다.

86,400원의 비밀을 알아보겠습니다.

매일 아침 여러분에게 86,400원을 입금해주는 은행이 있습니다.

그러나 그 계좌는 당일에 쓰지 않으면 잔액이 소멸되고 맙니다.

이러한 상황에 놓인다면 여러분은 어떻게 하시겠습니까?

당연히 그날 그 돈을 모두 다 써야겠지요?

"여러분! 86,400원의 의미는 무엇일까요? 힌트는 '돈은 곧 시간이다'입니다. 하루는 24시간입니다. 24시간을 분으로 바꾸려면 60분을 곱해야 됩니다. 더 이상 힌트는 없습니다."

그렇습니다. 하루의 시간을 초로 환산한 것입니다.

24x60분x60초=86,400초가 나옵니다.

"여러분! 시간을 잘 사용하는 사람들은 어떠한 사람들이며, 결과는 어떻게 나올까요?"

"성공하는 사람, 공부 잘 하는 사람입니다."

"맞습니다. 오늘 하루도 최선을 다해서 가치 있게 보내야 합니다. 알겠지요?"

여러분!

여러분에게 주어진 이 순간을 소중히 여기십시오. 오늘은 어제 죽은 자가 그렇게도 간절히 살고 싶어 했던 하루였다는 사실을 잊지 말아야 할 것입니다.

1) 이야기 풀어가기

약속은 인성교육의 핵심 단어입니다.

서로 간의 약속 이행은 사회생활에 있어서 가장 우선시되는 생활 덕목 중 하나입니다. 청소년들에게 약속의 중요성을 일깨워주기 위해서는 어른들이 먼저 솔선수범해야 할 것입니다. 아래와 같은 '이행서'를 함께 읽고, 작성하고, 실천한다면 서로 간의 관계형성에 도움이 될 것입니다.

그리고 부모님께 작성한 내용을 보내서 서명을 받도록 이끌어 줍니다.

부모님 부탁을 자녀가 읽고, 자녀의 바람을 부모님이 읽는다면

서로 간의 입장 차이는 물론, 서로의 다름을 이해하게 될 것입니다.

지도사는 아이들에게 읽게 하고, 아이들이 '자녀의 바람'에 들어갈 내용을 먼저 쓰게 한 다음, 부모님께 가져다가 '부모의 부탁' 란을 채우게 하고, 사인을 받아 오도록 합니다.

다음 코칭 시간에 앞에 나와서

'부모의 부탁'을 읽고 공유하면 큰 공감을 이끌어 낼 수 있습니다.

2) 이야기 키워가기

서로 간의 약속 이행서

부모의 부탁	자녀의 바람
집안에서	집안에서
1. 책상 깨끗이 했으면 한다. 2. 모든 음식을 잘 먹기를 원한다. 3. 시험공부에 최선을 다했으면 한다. 4. 숙제 먼저하고 놀았으면 한다. 5. 일기 쓰기를 꾸준히 하기 바란다.	1. 너무 일찍 자라고 하지 마세요. 2. 일찍 일어나라고 소리 지르지 말아주세요. 3. 방에만 있다고 뭐라고 하지 마세요. 4. 너무 늦게 들어온다고 야단치지 마세요. 6. 잘한 것은 칭찬 좀 해 주세요.
학교에서	친구 사이
6. 선생님 말씀 잘 듣기를 부탁한다. 7. 친구들과 싸우지 않기 바란다. 8. 자신감 있는 학교생활하기를 원한다. 9. 수업시간에 집중하기 바란다.	7. 노는 시간 좀 주세요. 8. PC방 가는 것을 허용해주세요. 9. 친구 집에서 자고 오는 것 허용해 주세요.
부모님 관계에서	부모님 관계에서
10. 부모님께 대들지 않기 11. 시간 약속 잘 지키기 12. 시간에 맞춰 빨리 들어오기 13. 웃어른들께 자주 전화하기	10. 지나친 잔소리는 말아주세요. 11. 간섭을 너무 많이 하려고 하지 마세요. 12. 제가 스스로 할 수 있는 일을 대신 해 주려고 하지 마세요. 13. 제가 실수를 했을 때 사람들 앞에서 야단치지 마세요.
약속을 이행하는 면에서	약속이행
14. 공부시간 정하고 하기 15. 아침에 스스로 일어나기 16. 용돈 아껴 쓰기 17. 운동 한 가지씩 정해놓고 하기	14. 부모님도 잘못한 것은 사과하세요. 15. 용돈은 기한을 정해놓고 주세요. 16. 학원 너무 많이 가는데 좀 줄여주세요. 17. 자신 없는 약속은 하지 말아 주세요.

서로 간 약속 이행 서약서

부모의 입장에서 부탁	자녀의 입장에서 부탁
1.	1.
2.	2.
3.	3.
4.	4.
5.	5.

부모 자녀 간 화합과 소통을 위한 서약서

자녀:	부모:
는(은) 공부를 시작하며 부모님과 위의 내용 7가지를 반드시 지키며 부모님께 효도할 것을 약속합니다. 20 . . 인	엄마 는(은) 의 엄마로서 책임을 다하며, 위의 7가지 내용을 반드시 지킬 것이며, ○○의 마음을 헤아려주며 뒷바라지에 최선을 다할 것을 약속합니다. 20 . . 인

3) 생각 성공미션

시간은 되돌릴 수 없고 연장할 수도 없습니다.

⑴ 누구에게나 똑같이 주어진 시간을 잘 사용해야 합니다.

⑵ 시간은 누구에게도 기다려주지 않습니다.

⑶ 시간은 현재 여러분에게 주어진 귀중한 선물입니다.

⑷ 지금을 가치 있게 사용하여 목표를 이뤄야 합니다.

⑸ 시간 약속을 잘 지키기 위해서 어떻게 하는 것이 좋을까요?

주님은 '한나'의 간절한 기도를 들어주셨습니다.

기도가 이루어지자 한나는 주님께 도움을 청합니다.

'사무엘상 1장 10절'을 보면 한나는 매우 슬퍼 울면서 주님께 기도합니다.

"저에게 아들을 주신다면, 그 아들과 그의 전 생애를 주님께 드리고

아무도 그의 머리에 칼을 대지 못하게 하겠습니다."

'12절'에서는, 한나가 계속해서 기도하고 있는 동안 실로의 제사장이었던 엘리가

한나의 입술을 지켜보고 있습니다.

한나는 마음속으로 기도하고 있었기 때문에 입술은 움직였지만, 소리는 내지 않았

습니다. 그래서 엘리는 한나가 '술에 취했다'고 생각했습니다.

'26-28절'에서, 한나가 말했습니다.

"제사장님, 맹세하건대 주님께서는 제 기도를 들어 주시고 이 아이를 저에게 주셨

습니다. 이제 이 아이를 주님께 다시 돌려 드립니다. 이 아이는 평생토록 주님의

사람이 될 것입니다."라고 말입니다.

한나의 간절한 기도가 우리에게 주는 교훈은 무엇입니까?

'우리는 신앙생활을 함에 있어 순간순간의 고통을 기도함으로 극복해야 한다는

것'과 '예수님은 인간의 간절한 기도의 응답으로 믿는 자에게 희망을 주신다는 것'

입니다.

이렇듯 믿음의 가정은 부모 자녀 간의 간절한 기도제목이 있습니다.

이 믿음의 기도에 주님은 반드시 응답하시는 분이십니다. 아멘!

3
언청이의
귓속말

이 이야기는 가족 간 소통의 중요성을 일깨워주는 예화입니다. 엄마에 대한 딸아이의 오해, 대화 부족에서 오는 오해가 아닐까 여겨집니다. 작은 관심은 소통의 시작입니다. 각자 생각의 세계도 있겠지만, 조금씩만 관심을 가진다면 오해가 풀리고 대화가 순조롭게 이어질 것입니다. 청소년을 지도하는 저의 경험으로 보면 일방적으로 밀어붙이기식 대화를 주변에서 자주 접하게 됩니다. 이러한 대화는 자녀의 소통을 단절시킵니다. 아이들이 마음을 열고 다가오도록 질문화법(나는 이렇게 생각하는데 너는 왜 그렇게 생각하니?)을 사용하면 어떨까 생각해 봅니다.

<언청이의 교훈>

어느 가정에 엄마와 딸이 이야기를 하고 있었습니다.

"오늘 엄마 친구 분들 오시면, 넌 네 방에 들어가 공부하렴."하고 엄마가 말하자, 딸은 "알았어요. 엄마!"하고 대답합니다.

다음 날 중학생인 딸아이는 여느 때처럼 학교에 갔습니다. 그날따라 국어시험을 본다고 하니, 너무 기뻤습니다. 귓속말 시험을 보기 때문이었지요. 귓속말 시험은 선생님께서 한 학생에게 이야기를 들려주면 큰 소리로 외치면 되는 거였습니다.

아니, 귓속말 시험을 본다는데 왜 그렇게 신이 났을까요?

그동안 딸은 한쪽 귀가 들리지 않는다는 사실을 친구들에게 알리지 않았습니다. 언청이로 태어난 주인공은 친구들에게 놀림을 받아왔기 때문이었지요. 그런데 귀까지 들리지 않는다고 말하면 놀림감이 될게 뻔했기 때문에 말할 수도 없었지요.

오늘의 주인공은 귓속말 시험 차례가 다가오자 마음이 설레기도 하고 두렵기도 하였답니다. '그래 걱정 없어! 선생님이 오른쪽 귀에다 대고 이야기하시면 왼쪽 귀로 들으면 되니까!' 하는 생각으로 오늘 시험은 자신 있었습니다. 드디어 아이의 차례가 왔습니다. 선생님께서 귀에다 대고 뭐라고 말씀하시자, 오늘의 주인공은 왈칵 눈물을 쏟고 말았습니다.

선생님이 도대체 무슨 말씀을 하셨기에 눈물을 왈칵 쏟았을까요?

1) 이야기 풀어가기

'꿈 지도'란? 미래를 미리 계획하고 매일 들여다볼 수 있는 시각화 자료입니다.

아이들이나 어른들이 꿈 지도를 만든다는 것은, 이미 꿈을 생각해 보았고 꿈과 직업이 다름을 분별할 줄 안다는 의미입니다.

아래의 '꿈 원칙 10가지'를 함께 공부한 후 '꿈 지도'를 만들면 됩니다.

(1) "꿈이란 무엇일까요?" 청소년들에게 질문해 봅니다. 다양한 의견이 나올 수 있으므로 30%, 70%하면서 격려와 칭찬으로 사기를 진작시켜줍니다.

(2) 와 (3)을 서로 이야기하게 합니다. 핵심은 꿈이란? 자신이 미래에 어떠한 일이 있더라도, '이 일만은 반드시 이루고 말 거야' 하는 가슴 벅찬 일들입니다.

꿈을 이루어내기 위해서는 직업에는 귀천이 없다는 점을 지도해야 합니다.

'직업은 꿈을 이루기 위한 수단'이라고 지도해야 합니다.

(4) 의 경우, 꿈을 이룬 자신의 모습을 눈을 감고 상상해 보도록 지도합니다.

먼저, 빨간색 물건을 지도사가 손에 들고 5초 동안 보게 한 뒤, 눈을 감게 합니다.

다시 눈을 뜨게 하고 그 빨간 물체가 검게 보이는지, 아니면 뿌옇게 보이는지, 보이지 않는지, 컬러로 보이는지를 질문해봅니다.

컬러로 보인다면 꿈이 빨리 이루어질 수 있다고 말해 줍니다(시각화를 자주하면 컬러로 보인다고 말해주십시오).

(5) 또한 (4)를 반복하는 행위입니다(성공한 분들 모두 이 방법을 사용해서 성공을 끌어당겼다는 사실을 책을 통해 읽었습니다).

(6) 롤모델의 중요성을 알려준 후, 10년 계획을 세우게 하고 '꿈 지도 활용법'을 지도합니다.

꿈 지도 활용법은 시각화 할 수 있는 환경을 만드는 것입니다.

핸드폰 바탕 화면에 배치한다든지, 꿈 지도를 잘 보이는 곳에 붙여 놓는 것입니다.

마지막으로,

(10) 꿈 지도 만들기 자료와 재료를 준비합니다. 자료는 10년 계획이라든지, 롤모델을 선정한 이미지, 꿈과 관련된 이미지 등입니다. 재료는 색상지, 풀, 가위, 색펜 등입니다.

2) 이야기 키워가기

꿈 지도란 무엇인가

(1) 꿈 지도란 무엇인가?

(2) 꿈, 목표 설정을 점검하고 구체화하기

(3) 꿈, 목표, 장래 직업 등에 대해 이야기 나누기

(4) 성공한 나의 모습을 생생하게 떠올려보기

(5) 끌어당김 법칙의 중요성을 깨닫기

(6) 롤모델을 찾아보고 조언을 듣고 내용 청취하기

(7) 나의 10년 계획을 생각하고 구체적으로 적어보기

(8) 꿈 지도 활용 방법 익히기

(9) 꿈과 비전, 성공에 관련된 책 읽기

(10) 자료 및 재료를 점검하고 준비하기

[   ] 의 꿈 이룸 지도

나의 꿈은

_____

_____

꿈 지도 꾸미기

　1) 준비한 자료 나열하기

　2) 꿈 지도 붙이기

　3) 구체적인 계획 써 넣기

　4) 꿈 지도 사진을 찍고 시각화하기

　가정에서는 꿈 지도를 잘 보이는 곳에 붙이도록 하고, 카메라로 이미지를 찍어서 지도사에게 '카톡'으로 보내도록 지도하면 됩니다.

꿈 이미지
그리기

3) 생각 성공미션

선생님께서 귀에 대고 하신 말씀은 "얘야 네가 내 딸이었으면 좋겠구나!"였습니다.

시험을 마친 딸아이는 집으로 달리기 시작했습니다.

현관문을 걷어차면서 다짜고짜 소리를 질러댑니다. "엄마 나와! 나 엄마 딸 아니지?"

부모님은 자식을 절대로 미워하지 않습니다.

⑴ 작은 오해가 있더라도 빨리 풀도록 해야 합니다.

⑵ 부모님 마음을 아프게 해서는 절대로 안 됩니다.

⑶ 우리 모두 행복한 가정을 만들도록 힘써야 합니다.

⑷ 꿈을 가진 청소년은 부모 마음을 잘 헤아립니다.

⑸ 꿈 지도를 잘 활용하려면 어떻게 하는 것이 좋을까요?

이러한 계기로 인해 딸아이는 주도적인 행동으로 바뀌지 않았을까요?

예수님은 제자들을 가르치실 때 비유로 가르치셨습니다.

제자들을 세상의 소금과 빛으로 비유하셨습니다.

소금은 부패 방지 기능이 있기 때문입니다. 그리스도인들은 세상의 부패를 막고 창조 세계의 아름다움을 보존해야 할 책임이 있습니다.

구제에 대한 올바른 자세는?

오른손이 하는 것을 왼손이 모르게 은밀하게 구제해야 합니다.

자기만족적인 허영심, 마음가짐을 버리고 쉼 없이 구제에 힘써야 합니다.

예수님께서 의식주에 대해 염려하지 말라고 하신 이유는?

영혼의 구원이 음식과 의복 같은 의식주 해결의 염려보다 더욱 중요하기 때문입니다.

의식주에 집착한다면 물질의 노예가 되기 쉽습니다.

그리스도인은 주님의 공급의 원리를 믿고, 주님의 의를 구하는 삶을 살아야 합니다.

그리스도인이 의(義)를 행함에 있어서

사람에게 보이려고 의를 행치 않도록 해야 한다고 하셨습니다.

외식하는 자들처럼 사람에게 칭찬을 받으려고 의를 행해서도 안 됩니다.

참된 그리스도인은 주님의 영광을 위해서 의를 행해야 한다고 가르치십니다(마 4~6장).

습관의
힘

▨ 습관의 위력

현 사회에서는 능동적이고 주도적인 인력을 원합니다. 기업에서 그러한 인력을 원하는 만큼, 교육현장에서도 기업이 필요로 하는 인재를 양성해야 할 것입니다.

무엇을 해야 할지, 왜 해야 하는지를 빨리 파악하고, 능동적으로 행동한다면 얼마나 좋을까요?

우리 주변에서 가장 쉽게 접할 수 있는 것이 바로 정보입니다.

정보는 어떻게 수집할까요?

책장의 책 속에는 정보들이 가득합니다.

핸드폰 속에도, 언론 등 각종 매체에서도 정보가 넘쳐납니다.

정보의 홍수 속에 살아가는 요즘 학생들, 정보를 잘 활용했으면 좋겠습니다.

정보, 지식, 지혜에 대한 이야기를 해 보도록 하겠습니다.

정보를 머리에 넣게 되는 순간 무엇으로 변할까요?

초성을 주겠습니다. 'ㅈ ㅅ'이 들어가는 두 글자입니다.

그렇습니다. 우리들이 살아가면서 가장 많이 필요로 하는 '지식'이 됩니다.

그럼 지식을 꺼내서 사용하면 그 지식은 무엇이 될까요?

'ㅈ ㅎ' 두 자가 들어갑니다. 정답을 말하면 박수가 필요합니다.

그렇습니다. 답은 '지혜(창의성)'입니다.

지식을 활용하면 곧 창의성이 되어 우리들이 살아가는데

매우 활력이 넘치는 생활 속의 지혜박사가 됩니다.

정보를 아무리 많이 가지고 있다 하더라도 이것을 투자해야 지식이

될 수 있습니다.

여러분들에게 다시 한번 질문해 보겠습니다.

"여러분! 정보를 얻기 위해서는 무엇을 투자해야 합니까?"

투자할 것은 바로 'ㅅ과 ㄱ'입니다. ㅅ ㄱ 두 자는 무엇일까요?

(ㅅ, ㄱ은 시간, 수고, 사고, 성경… 가장 핵심 단어는?)

공.감.대.화

| 저 웬수! | - 그럼 엄만 가상세계 알아요? |
| 답은 네 안에 있어! | - 공부해서 남 주는 거래요 |

엄마, 엄마자격증 있어요?

"너희들 부모님께서 잘 해주시냐?" "다 좋은데요. 잔소리만 안 하시면 요." "그래? 잔소리가 주로 어떤 내용인데?"

"어디 다녀오시면 공부하라고 잔소리 하시구요. 그렇게 해서 대학 못 간다더라, 넌 꿈이 뭐냐? 등등 잔소리가 심하시죠."

한 녀석이 거든다. "넌 그 정도냐? 나는 핸드폰 뺏고, 컴퓨터 마우스 뺏고, 시험 땐 무조건 한 달간 지옥이다. 엄마가 옆에 붙어서 꼼짝도 안 하시거든."

사실 이 얘기는 어느 정도 공부를 하는 녀석들의 이야기입니다. 한 부류 아이들은 시험엔 관심도 없습니다. 이유는 일관성 교육의 부재 때문입니다.

'어이구! 우리 아들' 하며 키웠기 때문입니다.

부모는 아들이 무엇이든 잘 해 낼 거라는 생각이 드나봅니다. 물론 녀석들은 머리도 좋은 편입니다.

그런데 공부 이유가 분명하지 않습니다. 너무 착하고, 인성 또한 뛰어납니다. 하지만 잘못된 점은, 자신이 하지 말아야 할 것을 분명하게 구분을 하지 못한다는 점이며, 마음에 들지 않으면 쉽게 포기해 버린다는 사실입니다.

그렇습니다. 그래서 엄마자격증이 필요합니다.

첫째는 안목자격증입니다.
아이의 성향을 바로 보는 것입니다. 아이가 어떤 성향을 가지고 있는지, 공부를 하는지, 친구 관계는 잘 맺는지 관찰할 수 있는 안목 말입니다.

둘째는 내려놓는 자격증입니다.
자녀는 부모의 소유물이 아닙니다. 아이들은 필요한 존재이기에 이 땅에 때어났습니다.
아이가 부모의 방식대로 잘 성장했다고 예를 들어봅시다. 아이가 커서 "엄마 덕분에 이렇게 잘 컸습니다. 감사합니다."
하는 자녀가 몇 %나 되겠는가 말입니다. 모든 것을 아이의 눈높이에 맞춰 교육을 해야 할 것입니다.

셋째는 대화자격증입니다.
아이들의 감정을 건드리는 화법을 사용하면 안 되는 것쯤 잘 알고 계실 것입니다.
아이가 힘이 없을 때(사춘기 이전)는 그런대로 엄마 맘대로 통제가 가능했습니다. 하지만 사춘기에 접어들면서 복잡해지기 시작합니다. 엄마의 말이 먹히지 않습니다. 엄마는 당황스럽겠죠? 이유 모르게 많이 힘들어 하실 겁니다.

마침내 당사자인 엄마가 뿌려놓은 결과물이라는 사실을 알면 얼마나 허망할까요?

대화법에는 명령화법, 권유화법, 질문화법, 비교화법 등 다양한 화법이 있습니다.

그중 질문화법과 선택화법은 전문적인 기술을 요합니다. 아이들은 눈치가 100단이기 때문이지요.

마지막으로 칭찬자격증입니다.

칭찬은 즉시 해야 하지만, 칭찬의 역효과를 조심하라는 말이 있습니다. 어렸을 때는 칭찬이 보약이었지만 사춘기에 접어들면서 아이들은 누구보다 자신을 잘 압니다.

자신의 위치나 학업 성적, 칭찬 받을 만한 행위에 대해서 말입니다.

그렇기 때문에 함부로 칭찬하면 안 됩니다. 칭찬을 적절하게 사용해야 한다는 의미입니다.

엄마는 멋진 자격증을 따기 위해 부단히 노력해야 하지 않을까요?

1
예습, 복습, 습관 …
스스로 익히는 습?

"습"의 비밀

쉬운 질문 하나 하겠습니다.

'학'은 선생님이 하는 것이라면 '습'은 누가 하는 것일까요?

아마 이 질문에 녀석들은 '무슨 말인가?' 하고 머리를 갸우뚱할 것입니다.

'학습이면 학습이지, 학을 누가 하다니요?' 하며 의아해 할 것입니다.

그럼 '학'과 '습'을 살펴볼까요?

'학'은 선생님의 몫이고 '습'은 배우는 학생의 몫이라는 뜻입니다.

"여러분! '습'자가 들어가는 낱말을 찾아볼까요?"

"자습이요."

"그렇죠. '연습, 예습, 복습, 습득, 습관… 다 맞습니다. 습자가 들어간 단어가 참 많네요."

물론 청소년들에게는 학습이란 단어는 너무나 익숙할 것입니다.

'습'이란? '스스로 익히다'입니다. 학생 스스로가 주인공이 된다는 말입니다. 다시 말해 '아, 그렇구나!'가 아니라 '아, 이렇구나!'를 일깨워주는 것이 바로 '습'의 비밀입니다.

본 단원에서는 습의 비밀과 메모 습관에 대해서 배워보도록 하겠습니다.

청소년들에게 '학'과 '습'의 구분을 명확하게 인식시키면 '습'을 해야 되는 이유가 분명해질 것입니다.

나만의 비밀 노트를 가지게 될 겁니다.

결국 블루오션 인생을 시작하는 셈이지요. 아무리 좋은 책이 있고, 좋은 정보가 있다 하더라도 나만의 비밀노트를 작성하고 반복하는 '습'을 실행에 옮기지 않는다면 성공하기 어려울 것입니다.

지금부터는 스스로가 '습'을 익히는 법을 배워 보겠습니다.

1) 이야기 풀어가기

'적자생존(適者生存)'이란 뜻은 환경에 적응하는 생물만이 살아남고, 그렇지 못한 것은 도태되어 멸망하는 현상의 사전적 의미로, 영국의 철학자 스펜서가 제창하였습니다.

이 단원에서 '적자생존'은 메모 습관을 가지도록 하기 위해서 '적어야 산다'는 의미로 메모 습관의 중요성을 강조한 말입니다. 메모 습관을 가진 자는 이미 성공 그룹에 가입한 것이나 다름없습니다.

우리들이 항상 필기도구를 가지고 다닐 수는 없지만, 핸드폰의 메모란에 아이디어나 새로운 정보 그리고 새로운 환경에서 벤치마킹한 내용들을 적는 습관을 가지면 꿈 이룸 습관을 다 가진 것입니다.

아래의 10가지 원칙을 공유하고 2~3가지만 기억하도록 지도합니다.

이 단원에서 새롭게 얻을 수 있는 핵심 단어는 '기회, 메모 습관, 배워진 것, 학습 환경에 영향, 피드백, 모든 자원, 선택, 최선의 것, 마음먹은 데서 시작' 등입니다.

원칙을 함께 읽고 함께 생각해 보는 시간을 가지시길 바랍니다.

2) 이야기 키워가기

메모 습관

(1) 문제가 있다는 것은 기회가 있다는 것이다.

(2) 정보를 얻을 수 있는 방법은 메모 습관에 있다.

(3) 인간의 행동은 그때 그 상황에 맞춰 배워진 것이다.

(4) 생활의 각 부분에서 일어나는 일은 학습 환경에 영향을 미친다.

(5) 실패는 곧 피드백(Feedback)이다.

(6) 사람은 자기가 필요로 하는 모든 자원을 가지고 있다.

(7) 내가 할 수 있다는 것은 다른 어떤 사람도 할 수 있는 것이다.

(8) 선택이 있는 것은 선택이 없는 것보다 훨씬 우수하다.

(9) 우리는 어떤 환경이나 어떤 상황에서 최선의 것을 선택한다.

(10) 성공의 93%가 마음먹은 데서 시작된다.

3) 생각 성공미션

공부에는 왕도가 없습니다. 반복이 왕도입니다.

(1) 정보가 지식이 되고, 지식이 곧 창의력을 발휘합니다.

(2) 시간을 투자하지 않으면 정보가 정보로 남을 뿐입니다

(3) 훌륭한 분들은 지식과 지혜를 잘 활용했습니다.

(4) 지혜를 위해 메모 습관과 시간에 투자할 가치가 충분히 있습니다.

(5) 지식을 쌓는 기회를 가지려면 어떻게 해야 할까요?

이야기 근거

창조는 인간도 할 수 있는가?

성경 '창세기 1장'은 우주 창조와 역사 개시를 보여 주는

'태초에'로 시작을 말씀하고 있습니다.

성경은 세상의 시작부터 마지막까지 전 역사를 기술하고 있습니다.

인간의 구원과 진리를 보여 주는 책은 오직 성경밖에 없습니다.

주님은 6일간 천지를 창조하셨습니다.

첫째 날은 빛을 창조하셨으며,

둘째 날 궁창을 창조하셨습니다.

셋째 날은 바다, 땅, 식물을 만드셨고

넷째 날은 해, 달, 별을

그리고 다섯째 날은 어류, 조류를 만드셨습니다.

여섯째 날은 육상 동물과 사람을 만드셨습니다.

오직 주님만이 무에서 유를 창조하시는 분이십니다.

인간은 주님이 만들어 놓으신 것을 발견할 뿐입니다.

즉 지식, 지혜를 습득하여 창의성을 발휘하며 살아갈 뿐입니다.

2
솔개의
거듭나기

새의 종류에는 독수리와 같은 물수리, 흰머리수리 등 큰 새들이 있습니다. 특히 솔개는 특별하게 산다고 합니다. 바로 생명 연장의 삶이죠. 솔개는 견디기 힘든 고통을 인내해서라도 생명을 연장받기를 원합니다. 인간도 생명을 연장하다 못해 이제는 장기를 바꿔서라도 생명을 연장해서 100세를 훨씬 넘기고 싶어 합니다. 솔개 또한 자신의 생명을 연장하고 싶어 하는 조류입니다. 솔개 이야기를 들려주면 아이들은 많은 것을 깨닫습니다. 청소년 시기에 솔개 동영상을 보여주면 교육 효과가 매우 좋습니다.

솔개의 선택

학생 여러분! 솔개는 원래 40년 정도를 산다고 합니다. 그런데 30년을 더 살 수 있다고 하네요! 결국 30년 더 연장해서 70년 정도를 사는 솔개도 있다는 말입니다. 하지만 솔개가 수명을 30년 연장하기 위해서는 반드시 거쳐야 하는 힘겨운 과정이 있다는 사실입니다.

솔개의 몸부림

솔개가 30년 정도의 삶을 연장하기 위해서 어떻게 했을까요? (다양한 의견)

배고픔과 죽음, 공포의 고통을 이겨내야 합니다. 무려 4~6개월가량 배고픔과 고통을 견뎌냅니다. 가능할까요? 가능합니다. 겨울잠을 자는 뱀과 곰을 연상해 보십시오. 3~4개월 정도를 거뜬히 견뎌내지 않습니까?

솔개가 40년가량 살게 되면 부리가 길게 구부러져서 가슴을 찌르게 되고, 발톱은 늘어지고 무뎌져서 사냥감을 잡아채기 어렵게 된다고 합니다.

또한 깃털도 낡고 무거워져서 오랫동안 날거나 힘차게 날기 어렵습니다. 이때쯤 되면 솔개는 둘 중 하나를 선택해야 하는 기로에 서게 되지요.

그대로 살다 죽든지, 아니면 새 삶을 살기 위해 뼈를 깎는 고통을 견뎌내든지 선택해야지요.

"선생님 빨리 말해주셔요. 솔개는 어떻게 생명 연장을 할 수 있는지요?"

네, 변화와 도전을 선택한 솔개는 저 멀리 바위 절벽 꼭대기로 날아가 안전한 곳에 둥지를 틉니다.

그러고 나서 자신의 부리로 바위를 마구 쪼아대기 시작하지요. 그렇게 하면 낡은 부리가 깨지고, 부러진 부리 속에서 새 부리가 자라나게 됩니다 (닭의 부리를 생각하거나, 우리의 손톱, 발톱이 빠졌던 경험을 생각해 보면 알 수 있을 겁니다).

이어서 솔개는 새로 나온 부리로 발톱을 하나씩 뽑기 시작합니다. 그렇게 해야 새 발톱이 나오지 않겠어요? 다음에는 자라난 발톱으로 무거워진 깃털을 하나씩 뽑아버립니다. 이렇게 약 여섯 달 정도 고통을 견뎌내면 새로운 30년의 삶을 보장받게 되는 것이지요.

학생 여러분! 솔개처럼 새 삶을 보장받으려면 어떻게 해야 할까요?

1) 이야기 풀어가기

'플래너'란 무엇인가? 또한 언제 쓰는 것일까요? 우리가 매일 쓰는 것은 일기장이나 플래너입니다. 일기는 하루 일과를 끝내고 쓰는 것이지만, 플래너는 어떠한 일이 시작되기 전에 준비하는 문서입니다. 오늘은 플래너에 대해서 알아보도록 할 것입니다. 플래너는 미리 쓰는 계획 장입니다. 플래너 쓰는 방법을 배워보겠습니다. 플래너의 핵심은 목록을 찾는 데에 있습니다.

목록이란? 내가 해야 할 일도 있지만, 잊고 있었던 일, 미뤄 왔던 일, 미래적 계획 등을 말합니다. 성공은 내가 해야 할 일들을 생각해 내는 데서부터 시작됩니다. 플래너를 쓸 때와 쓰지 못할 때, 일을 소화해 내는 양은 확연히 다릅니다.

목록을 찾아 쓰고, 왼쪽 '네모'란에 우선순위를 체크하면 됩니다. 또한 가운데 네모란에는 완료 ☑ 진행 ◌ 연기 ➡ 등의 내용을 '체크'란에 체크하면 됩니다. 여기서 아주 중요한 것은 '연기'란인데요, 연기는 반드시 그 란의 목록을 다음 날의 목록에 삽입해야 된다는 점입니다. 그렇게 하면 생각했던 그 일들은 반드시 해내게 되는 것입니다. 드디어 플래너 쓰는 습관의 묘미를 맛보게 되는 것이지요. 그리고 오른쪽에 '과제'와 '메모'가 있는데 그곳은 그 일 즉 구체적인 실행방법을 적는 란입니다.

또 그 옆의 '평가'에는 자가 진단을 기록하면 됩니다. 하단의 '피드백'은 하루 일과를 자신에 대한 격려와 반성, 새로운 각오, 다짐 등을 적어 넣으면 됩니다.

마지막으로 백전백승을 위한 5대 실천 원칙을 적게 하고, 그 내용을 친구들 앞에서 발표하도록 지도합니다. 플래너는 일기장과는 확연히 다른 계획 장임을 강조 또 강조해도 부족함이 없겠습니다.

2) 이야기 키워가기

일일 플래너

할 수 있다 / 하면 된다 / 지금부터   20   년   월   일   요일

오늘 해야 할 일들의 목록 적기				
우선순위			과제 & 메모	스스로 평가
	목록	완료 ☑ 진행 ○ 연기 ➡		
☐		☐		
☐		☐		
☐		☐		
☐		☐		
☐		☐		
☐		☐		
☐		☐		
☐		☐		
☐		☐		
☐		☐		
Feedback - 오늘 하루를 되돌아보기				

- 지금 이 순간 나만의 잠재된 긍정 습관을 발견하라 -

3) 생각 성공미션

솔개는 죽음의 고통을 이겨냈습니다.

(1) 우리도 현재에 만족하지 말고, 결단의 고통을 인내해야 합니다.

(2) 좀 힘들고 어렵더라도 도전의 삶을 살아야 합니다.

(3) 10년 후, 멋진 나의 모습을 꿈꾸며 견뎌야 합니다.

(4) 솔개의 인생처럼 학창시절을 참고 즐겨야 합니다.

(5) 플래너 쓰기 습관을 기르기 위해서는 어떻게 해야 할까요?

엘리 엘리 라마 사박다니 "제구시에 예수께서 크게 소리 지르시되 '엘리 엘리 라마 사박다니' 하시니 이를 번역하면 나의 주님, 나의 주님 어찌하여 나를 버리셨나이까 하는 뜻이라"는 의미입니다.

주님의 외침은 주변에 있던 모든 사람들이 다 들을 수 있을 만큼 큰 외침이셨습니다. 예수님이 누구인지 모르는 사람들은 그가 엘리야를 부른다고 생각하고, 달려가서 해면에 신포도주를 적시어 갈대에 꿰어 마시게 하고는, 다른 사람들에게 "가만 두라 엘리야가 와서 그를 내려 주나 보자"고 말하며 빈정대기도 하였습니다. 시간이 지나 예수님은 큰 소리를 지르시고 운명하셨습니다.

예수님이 하신 마지막 말씀을 요한은 "다 이루었다"라고 기록했습니다. 여기서 '다 이루었다'의 뜻은 '성취되었다 완성되었다 끝났다'는 의미로, 구약성경에 기록된 구속의 예언이 성취되었고, 완성되었다는 의미입니다. 또한 죄와 저주와 심판이 십자가에서 다 끝이 났다는 선언입니다. 그리고 예수께서 운명하시는 순간 성소의 휘장이 위로부터 아래까지 찢어져 둘이 되었다고 했습니다.

이것은 성소와 지성소를 가르던 성소의 휘장이 찢어짐으로 누구든지 주님께 나아가는 길이 열렸다는 의미입니다. 그 후부터는 누구든지 예수님을 믿기만 하면 주님 앞에 담대히 나갈 수 있게 된다는 뜻입니다 (막 15:33-41).

3
승자의 하루 25시간,
패자의 하루 20시간

"승자의 하루는 25시간 이상이고, 패자의 하루는 20시간 이하이다"라는 말이 있습니다.

25시간을 잘 활용하는 승자들은 가용시간을 잘 사용하는 사람들이라고 말할 수 있습니다.

여기서 '가용시간'이란 단어의 의미를 보겠습니다. 가용시간은 고정된 시간과는 다른 자신이 시간을 만들어 사용하는 시간개념이라 할 수 있습니다.

즉 무심코 버려지는 시간을 의미 있는 시간으로 바꿔 사용할 수 있도록 하는 시간 관리를 말합니다.

그렇다면 위에서 말한 25시간의 의미는 무엇일까요?

결국 오늘 얘기하고자 하는 가용시간은 내가 하루 중에 자유롭게 사용할 수 있는 시간을 의미하니까, 수업 시간을 제외한 나머지 시간 즉 나만의 시간이라 할 수 있겠습니다.

이제 나만의 시간, 가용시간을 만들어 사용하는 승리하는 사람이 되어야 하겠습니다.

성공한 사람들은 고정시간 외에 자투리 시간, 가용 시간 등을 잘 활용하는 습관을 가지고 살아갑니다.

그렇다면 이 시간 우리는 어떤 방법으로 가용시간을 만들어 사용해야 할까요? 함께 알아보겠습니다.

1) 이야기 풀어가기

어느 성공한 사람이 말했습니다.

여러분! Change의 g를 Chance의 c로 바꿔보라고 말입니다.

그렇습니다. 변화를 통하여 기회로 만들어야 하겠습니다.

아래의 (2)의 '네 자신이 어떻게 하든 상관하지 않는다.'의 의미가 무엇일까를 생각해 보세요.

위 내용의 의미는 '네 꿈을 마음껏 펼쳐보라'입니다.

그리고

'(3), 대학교육을 받지 않는 상태에서

→ 연봉이 4만 달러가 될 것이라고 상상도 하지 마라.'는

대학을 다녀야 된다는 의미로 코칭하면 됩니다.

'(5), 햄버거 가게에서 일하는 것을 수치스럽게 생각하지 마라.'

'(6), 네 인생을 네가 망치고 있으면서

부모 탓하지 마라'는 충고도 했습니다. 그렇습니다. '모든 것이 내 탓이요.'입니다.

'(10), 공부밖에 할 줄 모르는 바보한테 잘 보여라'는 어떤 의미이겠습니까?

그 바보 밑에서 일하기보다는 자기 자신이 '그 바보가 되라'는 뜻입니다.

마지막으로, 어록의 주인공을 찾게 하고 소감문을 써서 발표하도록 지도합니다.

2) 이야기 키워가기

어느 성공인의 어록

'나는 힘이 센 강자도 아니고 그렇다고 두뇌가 뛰어난 천재도 아닙니다.
날마다 새롭게 변했을 뿐입니다. 그것이 나의 성공 비결입니다.
Change(변화)의 g를 c로 바꿔보십시오. Chance(기회)가 되지 않습니까?
변화 속에는 반드시 기회가 숨어있습니다.'

⑴ 인생이란 원래 공평하지 못하다.

→ 그런 현실에 대해 불평하지 말고 받아들여라.

⑵ 세상은 네 자신이 어떻게 생각하든 상관하지 않는다.

⑶ 대학교육을 받지 않는 상태에서

→ 연봉이 4만 달러가 될 것이라고 상상도 하지 말라.

⑷ 학교 선생님이 까다롭다고 생각들거든

→ 사회 나와서 직장상사의 진짜 까다로운 맛을 한번 느껴봐라.

⑸ 햄버거 가게에서 일하는 것을 수치스럽게 생각하지 마라.

→ 너희 할아버지는 그 일을 기회라고 생각하였다.

⑹ 네 인생을 네가 망치고 있으면서 부모 탓 하지 마라.

→ 잘못한 것에서 교훈을 얻어라.

⑺ 학교는 승자나 패자를 뚜렷이 가리지 않을지 모른다.

→ 일부에서는 낙제제도도 아예 없앴다. 그러나 사회현실은 다르다.

⑻ 인생은 학기처럼 구분되어 있지도 않고 방학도 없다.

→ 스스로 알아서 하지 않으면 직장에서는 가르쳐주지 않는다.

⑼ TV는 현실이 아니다.

→ 현실에서는 커피를 마셨으면 일을 시작하는 것이 옳다.

⑽ 공부밖에 할 줄 모르는 '바보'한테 잘 보여라.

→ 사회 나온 다음에는 아마 그 '바보' 밑에서 일하게 될지도 모른다.

나의 생각

3) 생각 성공미션

승자의 하루는 25시간 이상이고, 패자의 하루는 20시간이라고 했습니다.

(1) 평범한 사람처럼 살지 말고, 승자의 삶을 살아야 합니다.

(2) 고정시간과 가용시간의 차이점을 분명히 알아야 합니다.

(3) 가용시간 만드는 법은 한 주간, 나만의 시간을 합산합니다.

(4) 몇 % 정도 사용할지를 정한 다음 잘 배분하고 사용에 몰두합니다.

(5) 공부밖에 할 줄 모르는 바보가 되기 위해서는 어떻게 해야 할까요?

이야기 근거

"그 뜻의 비밀을 우리에게 알리셨으니 곧 그 기쁘심을 따라
그리스도 안에서 때가 찬 경륜을 위하여 예정하신 것이니" 말씀하고 있습니다.

이 말씀에서 그 뜻의 비밀을 우리에게 알리셨으며, 여기서 '비밀'이란
'이미 밝혀진 신비'를 말씀하고 있습니다.

전에는 감추어져 있다가 지금은 그리스도를 통하여 밝혀진 진리의 중요성을 말하고 있습니다.

구체적으로 말하면 이 '비밀'은 그리스도 안에서 성취하신 주님의 구원 계획을 말합니다.

주님의 구원 계획은 유대인과 이방인을 그리스도 안에서 구별 없이 하나로 통일되게 하는 것으로

'바울'이나 사도들에게만이 아니라, 유대인이나 이방인 모두에게 알려진 것입니다.

하반 절에 "곧 그 기쁘심을 따라 그리스도 안에서 때가 찬 경륜을 위하여 예정한 것이니"

이 말씀은 주님의 뜻에 대한 비밀을 설명하고 있습니다.

여기 말하는 '때'는 주님의 어떤 목적이 이루어지는 '결정적인 시간'을 가리킵니다.

그리고 '경륜'은 '주님께서 자기 백성과 만물을 위하여 모든 일들을 계획하고 지배하며 관리하신다'는 의미로 보면 됩니다.

그러므로 '때가 찬 경륜을 위하여 예정하신 것'은
주님께서 그리스도 안에서 역사적으로 실행하시고자 한 구속 계획을 가리킵니다.
주님께서는 당신의 기쁨을 위하여 비밀을 드러내고자 세심하게 계획을 세우셨습
니다.
본 단원에서 나 자신의 가용시간을 잘 활용함으로 해서 주님을 기쁘시게, 부모님
을 기쁘시게, 나 자신이 기쁨이 되어 주님께 선택받는 우리가 되길 바랍니다(엡
1:9).

chapter seven

돈을 쌓아가는
경제원칙

🔲 기적의 경제 원리

'경제'란 무엇인가?

돈을 잘 관리하는 것, 시간을 잘 관리하는 것, 부자경제, 황금, 소금, 지금 하라 등 모두 경제 관련 메시지들입니다.

경제에는 세상의 경제가 있고, 주님의 경제가 있습니다.

세상의 경제는 몸값을 높이기 위한, 즉 부를 축적하기 위한, 기업의 이윤을 창출하기 위한 경제입니다.

"너희가 만일 세상에 재물에도 충성하지 아니하면 누가 참된 것으로 너희에게 맡기겠느냐(눅 16:11)."

주님의 경제는 위 말씀처럼 성경에 무려 2350 구절의 돈, 즉 경제와 관련된 말씀이 수록되어 있습니다. 이처럼 주님의 경제가 살아야 개인이, 나아가서는 나라가 삽니다. 우리가 추구하고자 하는 경제는 주님의 경제 원리를 배우고자 하는 것입니다. 주님을 기쁘시게 하기 위한 시간의 효율적 사용과 효율적인 투자(분산 투자의 가치) 등을 배우고자 합니다. 돈은 어디에 사용해야 하는가? 성경에 나오는 부자들은 어디에 투자하고 있는가? 나의 경제 상황은? 효율적인 시간 투자법은?

이상의 내용들을 본 단원에서 다루고자 합니다.

여러분의 경제는 어디까지 왔습니까?

공.감.대.화

> 대학에만 들어가면 전부해 줄게… -친구 집에서 자고 오면 안돼요?
> 자존감, 자신감을 키워보자-사람은 됨됨이가 중요하대요.

밤늦게 만난 감동

세상에는 '감동'이란 단어를 사용하는 곳이 무수히 많습니다. 여행을 하다가 새로운 환경을 만나면 감동을 받고, 인터넷으로 멋진 영상이나 그림을 보아도 감동합니다. 그러나 연출된 감동이 많습니다. 필자는 십수 년간, 청소년들의 꿈과 진로를 찾아주는 일에 매진해 왔습니다. 사실 그 얘기를 하자면, 몇 날 며칠 동안 밤을 새워도 다 못할 것입니다. 한번은 성남에서 최 소장님과 공연에 함께 참가하고, 인천으로 향했습니다. 최 소장님은 나와 이야기 나누는 것만으로도 기쁨이요, 감동의 시간이 될 것이라고 했습니다. 둘은 차에 몸을 싣고, 성남 톨게이트를 통과한 후, 외곽순환도로를 달렸습니다. 많은 얘기를 나누면서 인천에 있는 간석 남부역에 도착하였습니다. 그냥 헤어지기가 섭섭하여 24시 마트에서 커피를 샀고, 마트 앞에 있는 파라솔 의자에 털썩 앉아서 커피를 마시며 열띤 토론을 하였습니다. 두 사람 직업이 강사였기에, 서로 잘 통했습니다. 최 소장님은 리더십강의 전문가요, 나는 청소년 강의 전문가입니다. 최 소장님은 철학에 능통한 분이었습니다. 감히 따라갈 수 없는 내공을 가지고 계셨습니다. 그 감동이 대체 무엇이기에 서론이 그렇게 장황하냐고 할 것입니다. 지금부터가 진정한 감동의 시작입니다. 우리가 대화를 나누고 있을 때, 옆 테이블에 앉았던 젊은이들이 팝송을 부르면서 랩을 유창하게 하고 있는 것입니다. 우리는 그들 노래가 들려오니 들었을 뿐입니다. 노래가 무르익을 무렵 젊은 친구 하나가 말을 걸어왔습니다. "저, ○○선생님 아니세요? 저는 ○○중학교 나온 ○○학생입니다." "아, 그래요?" "제가 중학교 때 선생님의 강의를 들었습니다. 그때 꿈을 갖는 것이 무엇보다 중요하다고 하시면서 저를 단상 앞으로 불러냈고, 제게 꿈을 물었었습니다. 그때는 꿈이 없었지만, 그 이후로 꿈을 갖게 되었고 지금은 대학을 다니고 있습니다. 선생님께 감사드려요."

새벽 1시가 넘은 시간에 그것도, 까마득히 지난 얘기를 제자가 들려주는 것이야말로 세상 어디에도 없는 감동이 아니겠는가? 젊은이와 대화가 이어졌습니다. "오 그래! 낯이 익네. 옆에 친구들도 같은 중학교 나왔나?" "아니요, 저는 ○○중학교 나와서 인천고 졸업했어요." "오, 그래요. 반가워요." 서로 악수한 후 "우리 아들도 그 고등학교를 나왔는데……하하 대단한 인연이네. 너무 반갑네요! 우리 이것도 인연인데 인증 샷 어때?" 우리는 최 소장님께 핸드폰을 맡기고 포즈를 취했습니다.

감동 어린 감동이 이보다 더하랴! 필자가 수년 동안 학교에서 강의를 했지만, 곳곳에 이러한 싹이 자라고 있다는 사실만으로도 힘을 얻습니다. 오늘도 감동 어린 추억을 만들기 위해 위기 청소년을 만나러 갑니다.

9월! 감동의 밤을 영원히 간직하며….

1
눈물에
젖은 통장

준비성의 놀라움

　어느 준비성이 철저한 젊은이 이야기를 해 보겠습니다. 한 젊은이가 어려운 생활 속에서도 저축을 하여 행복을 경험한 이야기입니다. 우리의 청소년들! 너무 풍족한 경우가 많습니다. 말만 하면 부모 지갑에서 돈이 술술 나오는 줄 알고 삽니다. 물론 어려운 처지에 있는 아이들도 있겠습니다만, 명절에 용돈을 받으면 며칠 못 가서 다 써버리는 경우가 허다할 것입니다. 이 예화를 통해 깨달음을 얻길 바랍니다. 통장을 만들고 저축하는 습관을 지도하면 어떨까요?

　한 젊은이가 공장에서 성실하게 일을 하였습니다. 그는 매달 저축을 하였고, 능력을 인정받아서 좋은 직장으로 옮기게 되었답니다. 직장을 옮기게 되자 기거할 곳(머무를 곳)이 마땅히 없는 젊은이는 함께 일하던 후배에게서 자기 집에서 기거해도 좋다는 이야기를 듣게 됩니다.

젊은이는 후배 집에 기거하면서 직장생활을 성실히 하였지요. 그러던 어느 겨울밤, 우연치 않게 후배 부모님이 하시는 말씀을 엿듣게 됩니다. "여보! 옆방 총각 말이에요. 그 총각과 함께 있기가 너무 불편해서요." 이 말을 들은 젊은이는 조용히 방을 빠져나와 찬바람을 맞으며, 밤새 하늘의 별을 보고 하염없이 눈물을 흘렸답니다. 집 없는 서러움과 자신의 처지를 생각하니 눈물이 한없이 쏟아졌겠지요. 다음 날 아침, 젊은이는 후배 부모님께 말씀드렸습니다. "어머님 아버님, 형님 집에서 오라고 해서 이사하기로 했어요." 젊은이의 속도 모른 후배 부모님은 "아, 그거 잘 되었네요." 갈 곳 없는 젊은이는 그날 저녁, 짐을 싸서 후배 집을 나섭니다. 곰곰이 생각하다가 고모에게 전화를 했습니다. "고모님! 저 며칠만 재워주세요." 고모 댁으로 이사한 젊은이는 고모네 다락방에서 살게 되었답니다. 몇 개월이 지난 어느 날 젊은이는 고모 댁에서 전과 비슷한 말을 또 듣게 됩니다. 동시에 기쁜 소식도 접하게 됩니다.

여기서 비슷한 말은 무엇이며, 기쁜 소식이란 무엇이었을까요?
"여보, 조카를 데리고 있기가 불편하네요."라는 말을 들었습니다. 이 말을 들은 젊은이는 그날 밤도 옥상에 올라 남산과 서울역을 내려다보며 밤새도록 눈물을 하염없이 흘렸답니다. 기쁜 소식은 고모님께 부탁해서 매달 적금을 들었는데, 그 적금을 타는 날이 얼마 남지 않았다는 소식입니다. 얼마나 기뻤을까요? 상상만 해도 박수가 저절로 나옵니다.
청소년들은 아직 실감이 나지 않겠지만, 젊은이의 저축정신을 본받아 통장을 가져보면 어떨까요?

1) 이야기 풀어가기

시간은 곧 경제입니다. 이러한 시간과 경제를 만드신 분은 주님이십니다. 맡겨주신 시간을 잘 관리하게 되면 부자 경제를 누리게 될 것입니다. 세상의 경제에 빠지지 말고 주님이 주신 경제 원리를 배워야 할 것입니다. 그러기 위해서는 아래의 원칙을 함께 공유하는 것이 중요합니다. 원칙에서 '청지기'란 단어가 나오는데 청지기란 말은 관리자를 말합니다. 이 관리자는 주인이 맡겨주신 것을 잘 관리하는 사람입니다. 우리에겐 청지기의 사명이 있을 뿐입니다.

본 단원에서 모든 것은 주님의 것이란 사실과, 내가 해야 될 일은 '주님의 비밀 통장과 경제 카드를 사용해야 하는 것'임을 배워보겠습니다. 이것만 알아도 주님이 기뻐하시는 경제 원리를 배우는 것입니다.

주님 나라 통장을 가지게 되면 주님과 더욱 친밀해지게 됩니다. 지금부터 주님 나라 비밀 통장에 대해서 알아보고 주님의 경제 원리를 배워보겠습니다.

(1) 시간 투자는 곧 경제활동이다.
돈과 시간을 투자하는 것은 자신의 몸값에 비례한다.
부자들은 시간을 소금같이 또 황금같이 여깁니다.
이 모든 경제에 대한 시간 투자를 지금부터 시작합니다.
누구에게나 주어진 시간은 하루 24시간입니다.

하지만 하루를 25시간으로 활용하는 사람들이 있습니다.

25시간(가용시간 사용)의 의미를 알고 시간을 사용하는 사람들이 바로 부자 경제를 아는 사람들입니다.

⑵ 주님 나라 통장을 가지게 하라

청소년들이 주님의 경제를 배우므로, 주님을 따르는 신실한 주의 종이 됩니다.

예수 그리스도를 더 깊이 알고, 주님을 섬기는 일에 순종하게 됩니다.

또한 청지기로 훈련되어, 모든 소유가 주님 것이라는 점을 시인하며 살아가게 됩니다.

다음의 원칙들을 함께 생각하고 '한 줄 내 생각'을 쓰도록 지도합니다.

그리고 투자에 대한 생각을 적고 발표하도록 지도합니다.

2) 이야기 키워가기

비밀 통장

(1) 청지기 삶 실천을 통해 경제적 자유를 누리는 사람이 되게 합니다.

(2) 우리의 재물과 소유물의 주인이 주님이심을 알게 합니다.

(3) 예수 그리스도와의 친밀감을 경험하도록 합니다.

(4) 개인 재정 상태를 파악하도록 하며, 체크카드를 사용하도록 돕습니다.

(5) 개인의 재정을 주님이 원하시는 방법으로 사용할 수 있도록 지도합니다.

(6) 부채의 상환방법과 성경적인 자산 형성 방법을 알 수 있습니다.

(7) 경제교육의 중요성과 순종적 신앙생활, 온전히 드리는 태도를 갖게 합니다.

(8) 주님 앞에 드리는 자세(십일조, 감사헌금, 기타 헌물)가 개선되고, 기도함으로, 기뻐함으로, 감사함으로 드리게 됩니다.

주님 나라 경제의 원리			
무엇에 투자 할 것 인가(투자 목록)	1.	2.	3.
어떻게 투자 할 것인가			
왜 투자해야 하나			
언제, 어디서 이행할 것인가			

3) 생각 성공미션

젊은이는 적금을 타서 살 집을 장만하고 이사를 하였습니다.

(1) 젊은이는 어려운 상황과 환경 속에서도 저축을 했습니다.

(2) 우리도 미래를 위해 미리미리 준비(저축)해야 합니다.

(3) 좋은 날을 위해 인내하며 기다려야 되겠습니다.

(4) 미리미리 준비하는 삶과 널리 전하는 삶을 살아야 합니다.

(5) 비밀통장을 아는 우리는 어떻게 실천하면 좋을까요?

"이르되 우리를 품꾼으로 쓰는 이가 없음이니이다 이르되 너희도 포도원에 들어

가라 하니라 저물매 포도원 주인이 청지기에게 이르되

품꾼들을 불러 나중 온 자로부터 시작하여 먼저 온 자까지 삯을 주라 하니"

그렇습니다. 청지기는 "왜 늦게 온 자나, 일찍 온 자의 품삯이 같습니까?"라고 물

을 필요도 없습니다.

그저 주인이 시키는 일만 하면 됩니다. 노동자의 품삯을 주는 것은 주인 마음이기

때문입니다.

천국의 비밀이기 때문입니다.

그리스도인은 믿음과 기도, 말씀과 성령을 선물로 받았습니다.

이 받은 선물을 잘 사용함으로써 착한 청지기의 사명을 감당하는 자가 되어야 할

것입니다.

청지기로서 주님을 위해 또한 이웃을 위해 선한 마음을 가져야 할 것입니다.

주님에 대해 가르치고 남을 배려하는 청지기가 되어야 합니다(마 20:7-8).

2
바다를 닮은
큰사람은?

훌륭하고 덕망 있는 사람들을 가리켜 대개 '바다와 같이 깊고 넓은 마음을 가지고 있다.'라고 합니다. 모든 사람을 포용할 줄 아는 그런 사람 말입니다.

막상 청소년들에게 바다의 비밀을 동기 부여하다 보면, 감동을 느끼며 '자신도 그렇게 되어야겠구나.' 하는 생각을 갖습니다. 녀석들, 참 좋은 성품을 지녔습니다. 진정한 성품을 가진 리더로 성장하게 하려면 많은 이야기를 들려주고, 자신이 쓰임 받는 주인공이 되도록 역량을 키워주어야 할 것입니다.

바다는 왜 바다일까?

이 예화를 한번 더 강조하는 이유가 있습니다. 그 이유를 생각하며 읽으십시오.

"여러분! 바다 하면 생각나는 것이 무엇일까?" "저요, 저요." 손을 들며 먼저 말하겠다고 야단들입니다. '바다는 넓다, 상쾌하다, 여름이 생각이 난다' 등등 많은 이야기가 나올 것입니다. 지금부터 바다의 비밀을 파헤쳐 보겠습니다. 사람들에게 묻습니다. "바다는 왜 바다일까요?" 이에 대한 대답으로 어느 분이 말했듯이 "바다는 다 받아주니까 바다일까요?"

"바다는 강보다, 개천보다도 위에 있을까요, 아니면 아래 있을까요?"

"아래 있습니다."

녀석들은 이구동성으로 이야기합니다. "그렇습니다. 바다는 강보다 아래쪽에 있습니다. 만약, 바다가 강보다 조금이라도 위에 있다면 바다의 역할을 할 수 있을까요?" 이쯤 되면 무슨 얘기를 하려고 하는지 눈치를 챘을 겁니다. 사람과 연관지어 보겠습니다.

"그렇다면 과연, 큰사람(큰 그릇)은 어떤 사람일까요?"

"저요, 저요!" 서로 대답하겠다고 야단들입니다

"누가 한번 얘기해 봐요."

"네, 바다처럼 모든 사람을 포용하는 사람입니다."

"네 맞습니다. 큰사람은 바다와 같이 이런저런 사람들을 모두 포용할 줄 아는 그런 사람일 것입니다. 나를 낮추고 상대방을 높일 줄 아는 사람, 남들을 배려하고 겸손한 사람이 큰사람이 아닐까요? 여러분들이 늘 배려와 감사를 아는 그런 사람으로 성장했으면 합니다."

1) 이야기 풀어가기

배려의 위대함에 대해서 알아보겠습니다.

배려는 나를 낮추고 상대방을 높이는 행위입니다.

배려에도 원칙이 있습니다. 배려의 원칙을 배움으로써 가장 핵심적인 배려를 깨닫게 될 것입니다.

배려와 감사를 아는 사람은 남들을 포용할 뿐만 아니라, 자신을 포용할 줄 압니다.

위에서 언급한 '바다는 왜 바다일까'를 다 함께 읽고 서로의 의견을 나눕니다. 그러고 나서, 아래 제시한 '배려에 대한 위대함'을 읽게 한 후, '한 줄 내 생각'을 쓰도록 합니다.

(1)은 내가 주도하는 대화가 중요하며,

(2)는 관계를 잇는 노력은 나에게,

(3)의 경우, 예화 속에 있는 내용을 다시 한 번 언급해 주면 됩니다.

(4)는 아랫사람에 대한 배려가 경제 원칙과 왜 연관이 있을까요?

그 이유는 상대방과 동생들을 잘 챙기는 행위 자체가 배려이자 경제활동이기 때문입니다.

본 단원의 핵심은 (5)의 '본분'입니다.

학생으로서의 본분, 자녀로서의 본분, 제자로서의 본분을 망각하지 않도록 합니다.

사회생활 속에 배려를 실천할 수 있는 기회를 깨닫게 하는 것입니다.

마지막으로, 배려를 깨닫고 소감문을 쓰게 하고 발표하도록 도와줍니다.

2) 이야기 키워가기

배려의 위대함

(1) 가족 간의 대화를 내가 주도하라.

(2) 관계를 끊거나 잇는 것은, 나의 노력에 달려있다.

(3) 나를 낮추고 상대방을 높이는 행동은 엄청난 마력이 있다.

(4) 아랫사람에 대한 배려는 경제원칙의 첫걸음이다.

(5) 본분에 충실하여 오늘의 기쁨을 체험하라.

(6) 뚜렷한 목표설정은 하루하루가 보람됨의 연속이다.

(7) 형제 관계를 진하고 끈끈하게 이어가라.

(8) 위대한 나의 취미를 더욱더 발전시켜라.

(9) 내 인생은 나의 것이자 모두의 것, 내일의 현실로 만들어라.

(10) 배려 원칙의 핵심을 깨닫고 자부심과 긍지를 가지고 생활하라.

배려에 대한 소감문

학교   학년   반 성명 :

----

20 . .

작성자   인

3) 생각 성공미션

겸손한 사람은 나를 낮추고 상대방을 높일 줄 아는 사람입니다.

(1) 자신을 내세우지 않고 겸손한 행동이 몸에서 배어 나와야 합니다.

(2) 큰 사발 큰 일꾼이 되기 위해 큰 그릇이 되어야 합니다.

(3) 배려의 핵심은 자기 자신을 배려하는 데에 있습니다.

(4) 자신에 대한 배려는? 꿈을 가지는 것, 자신을 계발하는 것입니다.

(5) 바다와 같이 넓고 깊은 마음을 가진 사람이 되기 위해 어떻게 하면
   될까요?

배려와 섬김의 기적

하루는 엘리사가 자기 사환 게하시에게 수넴 여인을 불러오라 말합니다. 수넴 여인이 그들 앞에 섭니다. 엘리사가 사환에게 수넴 여인에게 말하도록 합니다. "네가 이같이 우리를 위하여 세심한 배려를 하는도다 내가 너를 위하여 무엇을 하랴 왕에게나 사령관에게 무슨 구할 것이 있느냐" 하니 여인이 말합니다. "나는 내 백성 중에 거주하나이다" 사실 이 여인에게는 아들도 없고 그 남편이 늙어서 생산을 못합니다. 엘리사가 여인에게 말합니다. "한 해가 지나 이 때쯤에 네가 아들을 안으리라" 여인이 말합니다. "아니로소이다 내 주 주님의 사람이여 당신의 계집종을 속이지 마옵소서"

그 후 한 해가 지나 여인이 잉태하여 엘리사가 여인에게 말한 대로 아들을 낳았습니다. 그러던 어느 날, 아이가 숨을 쉬지 않습니다.

엘리사는 방으로 들어가서 문을 닫았습니다. 방 안에는 엘리사와 아이밖에 없었습니다. 엘리사가 주님께 기도를 드렸습니다. 엘리사는 아이 위에 올라 엎드려 자기 입을 그의 입에, 자기 눈을 그의 눈에, 자기 손을 그의 손에 대고 그의 몸에 엎드리니 아이의 살이 차차 따뜻해집니다.

엘리사가 내려서 집 안 곳곳을 이리 저리 다니고, 다시 아이 위에 올라 엎드리니 아이가 일곱 번 재채기 하고 눈을 뜨게 됩니다. 그녀는 엘리사의 말대로 아들을 안고 방을 나갑니다. 수넴 여인의 침착하고도 결정적인 행동과 믿음이 결국 그녀의 아이를 살린 것입니다. 배려와 섬김으로 기적을 경험한 것입니다.

엘리사와 수넴 여인에 대한 이야기는 배려와 섬김의 기적입니다(왕하 4:8-37).

3
꿈꾸는
10만 달러

일 년에 10만 달러를 벌고 싶다면 그렇게 선언하고, 그대로 이루어진다고 믿고, 그게 사실인 것처럼 행동하고, 사람들에게 공언한다.

10만 달러짜리 증서를 만들어서 천장에 붙여두었다.

아침에 눈뜨면 처음 보는 것이 그 증서였다.

이런 식으로 내 의도를 마음에 떠올렸다.

그런 다음 눈을 감고 10만 달러짜리 인생을 누리는 모습을 상상했다.

4주가 지나자 10만 달러짜리 아이디어가 떠올랐다.

내가 쓴 책에 이런 구절이 있었다.

"책 한 권에 25센트를 받아서 40만부를 팔면 10만 달러가 된다.

좋은 생각이 떠올랐을 때, 믿고 실행에 옮겨야 한다는 것이다.

약 6주 후 교사 600명에게 강연을 했는데, 강연이 끝나자 한 여성이 내게 다가와 말했다.

"정말 멋진 강연이었어요. 인터뷰 좀 하고 싶은 데, 제 명함입니다."

《내셔널 인콰이어러》에 기고한 글이 나가고, 잡지에 기사가 실리니 판매 부수가 늘어나기 시작했다는 것입니다.

이 이야기는 베스트셀러인 『시크릿』에 나오는 <부의 비밀> 이야기입니다.

이 책의 성공법칙을 적용해 보았습니다.

"와 이거 되잖아!"

"이거 정말 대단하네."

"이 정도라면 상위권이지 않을까? 성공법칙 믿고 실천 해보자."

이런 방법으로 성적을 끌어올리면 누구나 장학생이 될 수 있습니다.

상상력을 동원하여 이미 상위권 대열에 오른 자신의 모습을 떠올려보라.

1) 이야기 풀어가기

태도는 인성교육의 꽃입니다. 우리는 과거의 나의 태도를 거울삼아, 현재의 나를 바른길로 이끌어야 합니다.

그렇게 할 때에 미래의 태도가 결정됩니다.

이야기 키워가기 원칙들을 잘 활용하여 멋진 성공자로 거듭나시기를 바랍니다.

올바른 태도의 조건

(1) 성공과 행복의 필수적인 조건이다.

(2) 훌륭한 삶을 이루는 근본이 된다.

(3) 우리 삶의 질을 결정한다.

(4) 삶의 진로를 바꾸는 결정 요인이 된다.

(5) 태도가 장학생으로 거듭나게 한다.

2) 이야기 키워가기

(1) 태도와 자세는 전염성이 강하다.

① 과거에 대한 태도

- 과거를 대하는 가장 바람직한 방법은 현재의 배움터로 삼는 것이다.
- 미래의 결과는 과거의 태도에 달려 있다.
- 과거를 바로 아는 것이 현재의 마음가짐을 바꾸는 열쇠이다.
- 마음가짐을 바꿀 수 없다면 미래는 후회와 자책감으로 채워진다.
- 과거의 바르지 못한 태도를 버리지 않고서는 미래를 향해 나아갈 수 없다.

② 현재에 대한 태도

- 현재는 보다 나은 미래가 시작되는 지점이다.
- 멋진 미래를 설계할 수 있는 기회의 제공이다.
- 과거의 목표와 야망이 현재의 보상으로 이어진다.
- 현재의 노력이 미래의 보상을 이끌어 내는 것이다.
- 모든 사람에게 하루 86,400초가 동일하게 주어졌다.
- 새로운 '마음의 변화'와 새로운 '마음가짐'이 오늘의 선물이다.

③ 미래에 대한 태도

- 미래에 대한 마음가짐은 미래를 바라볼 수 있는 능력에 달려 있다.
- 상상력이라는 마음의 눈을 통해 미래를 꿈꾸고 계획하고 경험할 수 있다.

- 정신은 상상할 수 있는 능력과 창의할 수 있는 능력이 있다.
- 정신은 본능적으로 경제원칙을 배우고 익히는 법을 알고 있다.

3) 생각 성공미션

성공 습관의 태도를 가진 자는 성공을 끌어당길 줄 안다.

(1) 장학생이 되고 싶다면 장학생이 된 것처럼 행동한다.

(2) 아침에 일어날 때, 눈을 감고 장학생이 된 모습을 상상한다.

(3) 공부 방법에 좋은 생각이 떠오를 때마다 믿고 실행에 옮긴다.

(4) 현재의 태도를 과감히 바꾸고 미래의 꿈을 키워나간다.

(5) 모든 면에서 장학생의 삶을 살려면 어떠한 태도를 취해야 할까?

그 때에 베드로가 나아와 이르되 "주여 형제가 내게 죄를 범하면 몇 번이나 용서하여 주리이까 일곱 번까지 하오리이까."

예수께서 이르시되 "네게 이르노니 일곱 번뿐 아니라, 일곱 번을 일흔 번까지라도 할지니라."

그때, 베드로가 예수님께 묻습니다.

"주님, 형제가 제게 죄를 지으면 몇 번이나 용서해 주어야 합니까? 일곱 번까지입니까?"

예수님께서 대답하십니다. "일곱 번까지가 아니라, 일곱 번씩 일흔 번까지라도 용서해 주어야 한다고…"

그렇습니다. 우리는 올바른 태도를 배워야 합니다.

사람에게 배워도 좋겠지만, 예수님의 말씀을 백 번이고 천 번이고 되새겨, 올바른 태도와 올바른 성품을 예수님께 배워야 합니다.

그리고 예수님의 성품을 닮아가야 합니다(마 18: 21-22).

chapter eight

172
학습법

▨ 기억의 원리

기억 원리의 4회 주기 복습법을 연구한 분이 있다. 16년간 기억을 연구했던 독일의 심리학자 "헤르만 에빙하우스(Ebbinghaus; 1855~1909)"는 여러 실험으로 반복하는 것의 효과, 즉 같은 횟수라면 "한 번 종합하여 반복하는 것" 보다 "일정 시간의 범위에 분산 반복" 하는 것이 훨씬 더 기억에 효과적이라는 것을 발견했다.

망각률(%) = [처음 학습에 소요된 시간-복습에 소요된 시간]÷처음 학습에 소요된 시간×100 인간의 기억은 반비례하는 것에 입각하여, 감소하는 기억을 장기기억으로 영구히 보존하기 위해 망각곡선의 주기에 따라서 적절한 시점에 적절한 반복(4회 주기)이 중요하다는 이론이다.

공부할 때 효과적인 결과를 얻으려면 효율적으로 공부해야 한다. 효율적인 공부란? 시간대비 좋은 성과를 얻는 것이다. 학생이 배운 내용을 잊지 않고 시험 때까지 기억하고 있다면 얼마나 좋을까? 본 단원에서는 효율적인 공부법을 배울 수 있는 좋은 기회가 될 것이다. 많은 학생들이 공부 원리를 모르고 공부하는 경우가 많다. 172학습법을 배운 학생들은 성적이 10% 향상되는 성과를 보였다.

공.감.대.화

| 누구 닮아서 그러니 | -엄마 닮았겠죠? |
| 그래 아들도 때가 되면 하겠지? | - 열심히 해서 효도할게요. |

나를 키워주는 네 명의 고객

"백화점 종업원들은 아주 친절합니다. 그들은 왜 인사를 그렇게 잘하는 걸까요?"라고 물으면 다양한 의견이 나올 것입니다.

그렇다면 백화점 측 종업원은 우리들을 무엇이라 부를까요?

그들은 우리를 '고객'이라고 부릅니다.

그렇습니다. 고객이란 뜻은? 내가 잘 함으로써 도움을 받을 수 있는 사람들을 모두 고객이라고 말할 수 있습니다. 과연 우리들의 고객은 누구일까요?

첫 번째 고객은 누구일까요?

바로 여러분의 첫 번째 고객은 부모님입니다. 부모님은 어떤 고객으로 일컬을 수 있을까요?

부모님은 내가 살아 있을 동안에는 모셔야 되는 분입니다. 그렇습니다.

부모님은 평생 모셔야 되니까 '평생 고객'이십니다.

두 번째 고객은 누구일까요? 그렇습니다.

선생님입니다. 선생님은 유치원 때도 만났고, 초등학교, 중학교에 가서도 만납니다.

이렇듯 자주 만나는 손님을 가리켜 '단골 고객'이라고 합니다.
선생님은 단골 고객이라고 일컬을 수 있습니다.

세 번째 고객은 친구입니다. 친구는 '소중한 고객'입니다. 이유는 소중히 다루지 않으면 관계가 금이 가거나, 관계가 깨지기 때문이지요. 그렇기 때문에 소중히 다루어야 합니다.

지금까지 한 얘기는 '한 고객'을 찾으려고 앞서 말했을 뿐입니다.
질문하겠습니다. 세상에서 '가장 훌륭한 고객'은 과연 누구일까요?
(힌트, 약 80억 인구 중에 소중한 한 사람, 세상에 가장 소중한 존재입니다. '주님의 걸 작품'인 이 한 사람)

1
크로노스와
카이로스

희랍어로 시간을 나타내는 단어가 몇 개 있는데, 그 중 대표적인 것은 '크로노스'와 '카이로스'입니다. 크로노스와 카이로스의 개념을 이해하는 것은 시간 이해의 기본이라 할 수 있습니다. 그럼 시간을 나타내는 두 가지 개념을 살펴보도록 하겠습니다.

어떤 일을 계획할 때 그 일을 하는데 어느 정도 시간이 걸릴까를 생각하는 것은 크로노스적 생각이고, 언제 시작해야 할지를 결정하는 것은 카이로스적 생각입니다. 하지만 이 두 가지 시간적 개념에는 많은 차이가 있음을 발견하게 됩니다. 오늘은 시간 관리 개념을 알아보고자 합니다.

무슨 일을 할 때 기한을 정해놓고 하면 얼마나 좋을까? 여러 번 생각하고 시도해 봐야 조금씩 나아집니다. 공부하는 청소년들에게 계획을 세우고 글로 써야 한다고 수없이 얘기합니다. 하지만 잔소리가 되고 맙니다. 시간관리 코칭을 하고 지속적인 관리가 뒤따라야 지도사의 의도에 접근

할 수 있습니다.

칠면조 무리에서 '독수리를 꿈꾸지 말자'는 말이 있습니다.

이 뜻은 첫째 기한을 정하지 않은 목표는 총알 없는 총에 지나지 않는다는 의미입니다.

"여러분! 기한과 기간의 차이는 뭘까요?"

그렇습니다. 기간이란? 일정하게 정해놓은 범위를 말하고, 기한은 그 범위의 한계를 정해놓은 때를 말합니다. 그렇기 때문에 기한 없는 목표는 나침반 없는 사막 탐험이나 다름없다고 할 수 있지요.

여러분의 목표는 어떠해야 합니까? 구체적인 기한이 들어가야 창공의 독수리가 되는 것입니다. 독수리가 되고 싶다면 독수리 떼와 함께 날면 됩니다.

두 번째는 마무리 5%가 성공을 좌우합니다.

사람들은 마지막 5%가 매우 중요함에도 쉽게 포기를 합니다.

이 글을 읽는 우리는 끝까지 포기하지 말아야 할 것입니다.

셋째는 목표달성을 위해 지불해야 할 대가를 두려워하지 말아야 합니다.

성공은 반드시 대가를 요구합니다. 어느 날 두 사람이 엘리베이터를 탑니다. 먼저 들어간 사람은 5층에서 내렸습니다. 엘리베이터 문은 닫혔는데 움직이지 않습니다. 나중에 들어간 사람은 어떻게 행동해야 할까요? (다양한 의견이 나옵니다.)

그렇습니다. 목적지를 정하고 버튼을 눌러야 엘리베이터가 움직입니다.
이 상황에서 목적지는 어디일까요?

버튼의 숫자, 즉 층수가 목적지입니다. 그렇다면 버튼을 누르는 행위는
무엇이라고 말할 수 있을까요?

'ㅅ, ㄱ'이 들어가는 두 글자입니다. 시간을 끝까지 투자하여 'ㅅ ㄱ'을 본
단원에서 찾아보세요.

1) 이야기 풀어가기

크로노스적 시간개념은

우리가 달력이나 시계로 잴 수 있는 시간. 즉 일 년, 한 달, 한 시간, 일 분, 일 초가 모두 크로노스적 시간개념입니다.

또한 크로노스적 시간개념은 측정이 가능하고, 주기적으로 반복할 수 있는 시간적인 개념입니다. 다시 말해서 긴 시간과 짧은 시간으로 나눌 수 있으며, 우리가 가용해서 쓸 수 있는 시간개념을 말합니다.

카이로스적 시간개념은

개인의 만족이나 삶에서 특별한 사건들, 시절들, 삶의 의미나 중요한 사건을 결정하는 시간을 말합니다. 즉 출생, 입학, 취직, 결혼, 사망 등 보통 때보다 특별한 중요성이 있는 시기를 말합니다. 이것은 반복될 수 없는 가장 중요한 결정의 시간개념이며, 사람의 마음에 따라 시간을 다르게 경험하기 때문에 주관적 시간이라 할 수 있습니다. 카이로스는 좋은 때, 나쁜 때, 위험한 때 등으로 기회의 감각과 관련성이 깊습니다.

본 장에서 성공적인 시간 관리와 패배적인 시간 관리를 통해 개인의 시간 관리를 점검하고, 시간 관리의 중요성을 깨닫도록 지도합니다.

지도 방법으로는 'A는 ~하지만 C는 얽매여 산다.'를 이어서 읽게 하고 두 개념에서 서로 반대되는 개념에 동그라미를 치도록 지도합니다.

그런 후 내용을 설명해주면 됩니다.

핵심적 지도는 세 번째 줄의 '중요한 일을 먼저 하며'입니다.

그 내용을 지도하면서 곧바로 아래 제시한 시급한 일, 중요한 일을 코칭합니다.

①에는 긴급하고 중요한 일 두세 가지를 적도록 합니다.

이 챕터의 핵심 내용은

②입니다. ②는 미래적인 개념입니다.

당장은 급하지 않지만 앞으로 아주 중요한 일을 의미합니다.

예를 들면, 대학 입학이나 직업 찾기, 결혼하기 등이 그것입니다. 장차 도래할 일은 계획을 구체적으로 가지고 있지 않으면 시시한 일이 되고 맙니다.

시시한 일보다 중요한 일을 하며 살아야 한다고 지도해야 합니다.

마지막으로, 장·단기 해결책을 적게 하고 발표하도록 지도합니다.

2) 이야기 키워가기

(1) 성공적인 시간관리·실패한 시간관리

성공적(A) 시간관리	실패한(C) 시간관리
A는 스케줄을 조정하지만	C는 스케줄에 얽매여 산다
A는 자율성의 의지가 많고	C는 타율적인 요소가 많다
A는 중요한 일을 먼저 하며	C는 시시한 일을 많이 한다
A는 일의 결과, 질에 관심을 두며	C는 질보다는 양에 더 관심을 둔다
A는 바쁘나 여유가 있고	C는 바쁠 때가 더 많다
A는 계획된 행동을 하며	C는 기분에 따라 행동한다
A의 행동은 일관적이고 합리적이며	C는 무계획적이고 우선순위가 자주 바뀐다
A는 자기 분수에 맞는 행동을 하며	C는 자기 분수를 모르고 행동한다
A는 힘써 일하나 무리하지 않으며	C는 바쁘며 무리한 태도를 보인다
A는 삶 전체가 균형적이지만	C는 삶이 불균형적이다
A는 삶이 멋지고 일관되게 살아가지만	C는 산만하고 답답하게 살아간다.

(2) 긴급한 일, 중요한 일(명령하지 말고 요청하라)

긴급한 일		긴급하지 않은 일
(급하면서 중요한 일) 적는다		(급하지 않으나, 중요한 일) 적는다
중요한 일	①	②
(급하지만 중요치 않은 일)		(급하지도 중요치도 않은 일)
중요하지 않은 일	③	④

• 긴급한 일을 하는 자보다 중요한 일을 즐기는 자가 되자 !!!

긴급한 일, 중요한 일 해결책

	단기·장기 해결할 일?	해결책은?
긴급한 일 (단기)		
중요한 일 (장기)		

3) 생각 성공미션

어떤 경기든 목표를 정하지 않고 뛰면 승리할 수 없습니다.

⑴ 부뚜막에 소금도 집어넣어야 음식 맛을 낼 수가 있습니다.

⑵ 엘리베이터는 수고의 대가를 치러야 움직입니다.

⑶ 버튼을 누르는 수고의 시간투자가 필요합니다.

⑷ 5%의 마무리를 위해 시간, 생각, 수고에 투자해야 합니다.

⑸ 스케줄을 조정하는 삶을 영위하려면 어떻게 해야 할까요?

다윗은 누구입니까?

- 유다 베들레헴 에브랏 사람 이새의 여덟 아들 중 막내이며, 주님께 간택된 자입니다.

  사무엘 선지자에게 기름 부음 받은 자로서, 아버지의 양을 지킨 어린 목동이었습니다.

  그는 블레셋 전투에서 2미터를 훌쩍 넘는 거구의 장수 골리앗과 싸워 이긴 자이며, 모든 사람에게 커다란 용기와 감동을 전해준 자로, 이스라엘의 왕이 되었습니다.

반면 골리앗은 누구입니까?

- 블레셋 군대 적장으로 가드 사람이었고, 키는 육 규빗 한 뼘가량 된 자였습니다.

  이스라엘 군인들에게 소리 지른 적장이기도 했습니다.

  "만약 누구든지 나를 죽일 수 있다면, 우리가 너희들의 종이 되겠다.

  그러나 죽이지 못하면 너희가 우리의 종이 되어야 한다."고 외친 사람입니다.

  오늘 우리에게 주는 교훈은 어린 다윗의 이 한마디입니다.

  "살아 계시는 주님의 군대를 모욕한 이 할례 받지 않은 블레셋 졸개야

  너는 나에게 칼과 큰 창과 작은 창을 가지고 나아오지만,

  나는 주님의 이름으로 나간다. 싸움은 주님의 것이다"

다윗이 승리한 비결을 우리의 삶에 적용해야 합니다.

이겨낼 수 없는 어려움을 맞이할 때 주님께 간구해야 합니다.

그리고 시간을 아껴 쓰고 중요한 일을 해야 합니다(삼상 17:34-37).

2
주도 학습을
하게 하라

자기주도 학습 진단검사

_____ 초·중학교, _____학년, _____반, 이름_____(남,여)

검사 일시: 년   월   일

이 검사는 성적과는 전혀 관련 없습니다. 여러분이 공부하는 데 필요한 여러 가지 정보를 알아보기 위한 검사이므로, 편안한 마음으로 솔직하게 답하면 됩니다. 이 검사지에는 정답이 있는 것이 아닙니다. 솔직하게 여러분이 공부하는 방법을 표시하면 됩니다. 아래의 예를 보세요.

(예) ┌─────────────────────────┐
     │ 1. 나는 매일 규칙적으로 공부한다. │
     └─────────────────────────┘

위의 문장을 읽고 아래의 보기 중에서 자신과 가장 비슷한 경우의 번호를 답안지에 써 넣으면 됩니다.

전혀 그렇지 않다	그렇지 않다	반반 쯤이다	보통 그렇다	항상 그렇다	총 점수
1	2	3	4	5	

지금부터 아래의 지문을 잘 읽고 해당되는 점수를 ( )에 표시하십시오.

(1) 공부할 때는 열심히 하려고 노력을 한다.( )

(2) 공부를 시작하기 전에 공부할 양을 생각하고 끝낼 시간을 미리 정한다.( )

(3) 수업이 시작되기 전에 자리에 앉고 수업을 준비한다.( )

(4) 책을 읽다가 중요하다고 생각되는 부분은 밑줄을 긋거나 표시를 해 둔다.( )

(5) 공책을 잊지 않고 준비한다.( )

(6) 공부한 것을 이해하는 데 그치지 않고 중요한 것은 외운다.( )

(7) 공부할 때 공부에 방해되는 텔레비전이나 라디오 등은 꺼 놓고 공부한다.( )

(8) 공부를 할 때 어떤 문제가 시험에 나올지 예상할 수 있다.( )

(9) 숙제가 재미없더라도 시작하면 끝을 맺는다.( )

(10) 놀고 싶은 일이 있어도 우선해야 할 일을 끝내고 하는 편이다.( )

(11) 수업을 들으면서 선생님께서 무엇을 강조하시는지 생각하며 듣는다.( )

(12) 책을 다 읽고 난 뒤에 읽은 내용이 무엇이었는지 정리해 본다.( )

(13) 나는 공책 정리를 깔끔하게 한다.( )

(14) 암기할 부분을 읽은 후에 자기 말로 외워 본다.( )

(15) 공부를 시작하기 전에 공부할 분위기와 마음가짐을 갖춘다.( )

1) 이야기 풀어가기

자기주도 학습 검사를 코칭 할 때는 지도사가 먼저 내용을 충분히 읽고 숙지합니다. 그리고 나서 아래 예문을 보고 먼저 '1점 전혀 그렇지 않다 ~ 5점 항상 그렇다' 중에 학생이 생각하는 란에 표기하도록 합니다. 이어서 아래 32가지 문항에 대해 시간을 정해주고 시작하게 합니다. 마지막으로 점수를 합산하여 '총계' 란에 기록하고 점수가 높으면 자기주도적 성향이고, 그렇지 못하면 일반적인 성향임을 발견하고, 결과에 따라 맞춤식 코칭으로 꼼꼼하게 지도하도록 합니다.

(16) 시험문제를 다 풀고 난 후에 시간이 남으면 엎드리지 않고 다시 풀어 본다. (   )

(17) 좋은 성적을 받는 것은 나에게 중요하다.(   )

(18) 여러 가지 일을 해야 할 때는 중요한 것부터 시작한다.(   )

(19) 선생님 말씀 중에서 모르는 내용은 질문을 하거나, 다른 방법으로 알고 넘어간다.(   )

(20) 중요도와 난이도에 따라 읽는 속도를 달리 한다.(   )

(21) 공책 정리는 나중에 봐도 이해하기 쉽게 되어 있다.(   )

(22) 무조건 외우려 하기보다는 좀 더 편하게 외우는 방법을 사용해서 외운다. (   )

(23) 주로 같은 시간에 같은 장소에서 공부하는 편이다.(   )

(24) 너무 어려운 시험문제가 나오면 쉬운 문제부터 풀고, 나중에 어려운 것을 다시 푼다.(   )

(25) 목표를 세워 그 목표를 달성하기 위해 노력한다.(   )

(26) 매일 규칙적으로 공부한다.(   )

(27) 수업 시간에 발표하기를 좋아한다.(　)

(28) 책을 읽을 때 그림이나 그래프, 도표 같은 것을 자세히 본다.(　)

(29) 선생님이 수업 시간에 정리해 주신 내용은 꼼꼼하게 기록한다.(　)

(30) 나는 내 나름대로 쉽게 암기하는 방법을 터득하고 있다.(　)

(31) 공부할 때 딴 생각 때문에 집중이 잘되지 않을 경우 집중하는 방법을 알고 있다.(　)

(32) 시험을 보기 전에 공부할 내용을 모두 공부하고 정리하여 시험을 치른다.
　　(　)

1~32번까지 (　　)안의 점수를 답안지에 옮겨 적습니다.

(　　　　) 진단검사 답안지

년　　월　　일　　이름 :

A		B		C		D		E		F		G		H		총계
1		2		3		4		5		6		7		8		
9		10		11		12		13		14		15		16		
17		18		19		20		21		22		23		24		
25		26		27		28		29		30		31		32		
계																

※ 점수가 높을 수록 학업 성취도가 높은 편입니다.

2) 이야기 키워가기

'주도 습' 로드맵 설계도 작성, 시험기간 가용시간 조사표

이 름			학 년		시험 과목 수		총	과목
<			학년		학기 성적 >			
전교 등수:		반 등수 :			평균 :		총점 :	
지난번 시험 과목별 점수(생각나는 점수 및 예상 점수치 기록)								

국어	영어	수학	과학	사회	도덕	기가	한문	음악	미술	체육

<	학년	학기 목표성적 (돌아오는 시험 예상성적 기록) >		
예상 목표 전교 등수 :		예상 목표 반 등수 :		예상 목표 평균 및 총점 /
돌아오는 시험 과목별 예상점수				

국어	영어	수학	과학	사회	도덕	기가	한문	음악	미술	체육

나만의 맞춤식 공부 방법

1.   2.   3.

반드시 성공해야 하는 이유에 대한 공부의지 문구 3개

1.   2.   3.

방해요소 제거내용 및 도움 받고 싶은 방법

1.   2.   3.

시험공부에 대해 도움 받고 싶은 내용

1.   2.   3.

※ 각 과목별 예상 점수를 기록합니다.

※ 가용시간이란? 내가 만들어 사용할 수 있는 시간

(　　　　　　　)시험 예상점수 및 가용시간표

이 름		학 년		시험 과목 수	
(　)학기 과목별 예상점수		총 가용시간 :		목표 시간 :	
국 어	점	사 회	점		점
영 어	점		점		점
수 학	점		점		점
과 학	점		점		점
(　　　　　　　)시험 만점전략 가용시간표					
요일	일	월	화	수	목	금	토

예) 요일 별, 총 가용시간 표기, 주차 별 일자, 9/3 가용시간-수학 2시간(수2)로 표기

요일 별 총 가용 시간	시간	시간	시간	시간	시간	시간	시간
1주차 (날씨 표기, 3과목 선정)	/	/	/	/	/	/	/
2주차 (날씨 표기, 3과목 선정)	/	/	/	/	/	/	/
3주차 (날씨 표기, 3과목 선정)	/	/	/	/	/	/	/

3) 생각 성공미션

'이야기 키워가기'는 중학생들에게 필수적인 시간표입니다.

지도사는 먼저 "성적 올리고 싶은 사람?"

하며, 질문을 던지고 학생들의 반응을 살핀 다음, 아래 표를 작성하도록 지도하면 됩니다.

아래의 '주도 습' 로드맵 설계도 1, 2, 3을 먼저 작성하게 한 다음, 시험 기간에 필요한 가용시간 조사표를 작성하게 합니다. 핵심내용은 가용시간입니다.

가용시간이란? 다시 언급하지만 자신이 만들어서 쓸 수 있는 시간, 즉 필요 없이 버리는 시간을 잡아 시험공부에 투자할 수 있는 시간입니다.

1주일만 조사해보면 쉽게 해결됩니다. 가령, 일요일은 가용시간이 7시간이라고 가정하고 월요일부터 금요일까지 2시간, 토요일은 4시간이라고 가정하겠습니다.

이 시간들을 합하면 '총 시간'이 됩니다. 그렇다면 1주일에 총 21시간이 가용시간이 되는 것입니다.

시험시간 한 달 전이라고 가정하면, 21시간×3주=63시간(총 가용시간)이 나옵니다.

이러한 시간을 학생들에게 몇 %나 투자할 것인지 결정하라고 질문합니다.

만약 50%를 투자한다고 하면 31.5시간이 시험기간의 가용시간이 되는 셈입니다.

이어서 성적을 올리고 싶은 과목에 시간을 배분하고, 배분된 시간을 다시 과목별 시간으로 만들면 됩니다. 그리고 한 주 단위로 공부할 과목 시간을 배분하고, 시간표를 작성하도록 하면 누구나 쉽게 만점 시험시간표를 만들 수 있습니다.

중요한 것은 시간표 작성 후 지도사의 관리입니다.

학생들이 잘 실천할 수 있도록 용기를 북돋아주고, 결과에 대해 포상해 보십시오. 기대 이상의 결과를 얻을 것입니다.

학습 능률을 올리고자 하는 청소년들에게 학습 동기를 만들어주고 효율적인 학습법을 지도합니다.

※172 학습법이란? 학교에서 쉬는 시간을 **1분 7분 2분**으로 나누는 것을 말한다. 평범한 학생들은 쉬는 시간을 기다리다가 수업시간 끝나는 종이 울리기 무섭게 밖으로 달려 나간다. 하지만 상위권 학생들은 쉬는 시간이 되었어도, 곧바로 나가지 않고 장기기억의 원리에 따라, 조금 전에 정리했던 노트를 **1분간** 훑어본다. 그리고 밖으로 나가서 **7분** 정도 머리를 식히고, 2분 먼저 들어와서는 배울 내용을 미리 **2분간** 훑어 본다는 의미이다. 이러한 학습법 훈련이 상위권의 시작이다.

38년 된 병자가 있습니다. 그는 누구입니까?

바로 베데스다 연못가에 38년간 병든 몸으로 누워있는 자입니다.

그가 38년 동안 누워 있는 이유와 병이 든 이유는 죄 때문입니다.

그에게는 연못의 물이 동할 때 연못 안으로 들어갈 수 있게 도와주는 사람이 없습니다.

하지만 그에게 어느 날 예수님이 그의 간절함을 보시고 "네가 낫고자 하느냐?" 라고 물으십니다. 대답이 끝나기도 전에 "일어나 네 자리를 들고 걸어가라"고 예수님이 말씀하십니다.

그는 즉시 믿음과 순종함으로 힘을 얻은 후 침상을 들고 걷고 뛰며 예수님을 증거했습니다.

그렇습니다. 그날이 안식일이었는데도 이적을 행하신 예수님!

앞으로 나아갈 용기와 힘을 불어 넣어주시는 예수님!

공부하는 우리의 청소년들은 주님 말씀에 즉시 믿음으로 순종하며

효율적인 공부 방법을 활용하여 좋은 결과로 보답해야겠습니다(요 5:2-10).

3
"효"
실천 이야기

'효도'라는 단어만 나오면 어른들은 눈시울이 붉어집니다. 제가 본 단원을 코칭하다 보면, 대상에 따라 차이점이 많다는 것을 알 수 있습니다. 부모님께 효도를 다하지 못한 어른들은 눈물을 보이는 반면, 아이들은 부모님의 고마움을 아직은 잘 모릅니다. 그러나 '효 원칙'을 지도하다 보면 많은 공감과 함께, 편지에 부모님의 고마움을 한껏 쏟아냅니다. 아래 예화는 많이 회자되고 있는 내용입니다.

한쪽 눈 없는 어머니
한 녀석이 엄마가 학교에 찾아오는 것을 무척 싫어했습니다.

녀석은 엄마의 한 쪽 눈이 없다고 친구들이 놀리기 때문에, 엄마가 학교에 오시는 것이 무척 싫었습니다. 엄마처럼 살기 싫다고까지 생각했을 정도였으니까요. 녀석은 한 눈 없는 엄마가 정말로 싫었기 때문에 엄마가 안 보이는 서울로 가서 공부하기로 마음까지 먹었습니다. 서울로 간 아들은 열심히 공부하여 서울대학교에 들어갔고, 좋은 직장도 얻었습니다. 나이가 들어서 결혼도 하고 예쁜 딸까지 낳았습니다.

그러던 어느 날, 엄마는 아들이 너무 보고 싶어서 서울에 살고 있는 아들 집을 물어물어 찾아갔습니다.

어렵게 찾아갔지만 아들은 아는 체는커녕 "왜 남의 집에 와서 애를 울리느냐."며 오히려 호통을 칩니다.

한 눈 없는 할머니를 본 딸아이는 무서워서 "으앙!" 하고 운 것이지요.

아들은 왜 엄마를 모르는 척 했을까요?

엄마 모습이 창피해서 아내에게 엄마가 죽었다고 거짓말까지 했기 때문입니다.

엄마는 어쩔 수 없이 다시 고향으로 돌아갔습니다.

며칠 뒤 걱정이 된 아들은 초등학교 동창회를 간다는 핑계로 고향집을 찾습니다. 방문을 열어본 아들은 엄마가 누워 있는 모습을 보게 됩니다. 등을 보이며 숨을 거둔 엄마 옆에는 편지가 놓여 있었습니다.

편지 내용을 읽은 아들은 펑펑 울기 시작했습니다. "엄마! 왜 진작 얘기하지 않았어요?"라고 하며 후회도 했습니다.

아들이 '왜 진작 얘기하지 않았어요?' 라는 말을 했을까요?

엄마의 한쪽 눈을 아들에게 주었다는 사실을 알게 되었기 때문입니다.

편지 내용에는 "네가 어렸을 적에 교통사고가 나서 눈 한쪽을 잃었단다. 아들아! 보고 싶구나."라고 적혀 있었습니다.

1) 이야기 풀어가기

위 예화 한 쪽 눈 없는 어머니를 정리해 주고 아래 '효 실천 원칙'을 큰 소리로 읽게 합니다.

각 챕터마다 핵심 단어에 동그라미를 치게 하고, 핵심 단어가 의미하는 뜻이 무엇일까에 대해서 각자의 생각을 말하도록 지도합니다.

(1) 정직한 태도에 대한 중요성에 대해서 강조하며, '한 줄 내 생각'을 반드시 쓰도록 이끌어 줍니다.

(2) 기초질서에 대한 강조

(3) 내일로 미루지 않는 것이 중요하다는 점

(4) '전화 드리기'의 중요성(밖에 나가 있을 때 부모님께 꼭 전화 드리기)

(7) 적극적인 참여와 궂은일 먼저에 대한 중요성

끝으로 '한 쪽 눈 없는 어머니'를 다시 정리해주고 효 실천 원칙을 공부한 후, 소감을 쓰고 발표하도록 이끌어 줍니다(격려와 칭찬을 해줍니다).

2) 이야기 키워가기

효 실천 원칙

(1) 정직한 태도와 바른 마음을 가지고 효 실천을 한다.

(2) 기초질서와 약속의 중요성을 인식하고 효 실천을 선행한다.

(3) 오늘 일을 내일로 미루지 않는 것도 효 실천임을 깨닫는다.

(4) 웃어른을 공경하고 전화 드리기 효 실천을 한다.

(5) 부모님의 고마움을 생각하고 이에 보답하도록 한다.

(6) 스승의 고마운 점을 인식하고 선행을 보인다.

(7) 이웃을 사랑하고 베풀며, 불우이웃돕기 실천을 생활화 한다.

(8) 어떠한 일에도 적극 참여하고 궂은 일을 내가 먼저 한다.

(9) 사회를 위한 뚜렷한 목표를 설정하고 실천하는 우리가 된다.

(10) '나'보다 '우리'를 알고 매사에 적극적인 행동을 한다.

'효 원칙'을 공부하고

- 부모님을 기쁘게
- 뚜렷한 목표대학 설정
- 효 실천 원칙 한 가지를 선택하여 체험하도록 한다.

3) 생각 성공미션

아무리 못난 자식이라도 미워하는 부모는 없습니다.

⑴ 아무리 밉게 생긴 엄마라도 창피하게 여겨선 안 됩니다.

⑵ 지금, 우리가 세상에 태어난 것은 부모님 덕분입니다.

⑶ 본분을 다 해서 효도해야 자식의 도리인 것입니다.

⑷ 엄마의 눈을 아들에게 주었다고 얘기하지 않은 이유가 무엇일까요?

⑸ 효 실천 원칙을 통해서 부모님을 기쁘게 해 드릴 방법은?

예수님은 제자들을 가르치실 때 비유로 가르치셨습니다.

제자들을 세상의 소금과 빛으로 비유하셨습니다.

소금은 부패 방지 기능이 있기 때문입니다. 그리스도인들은 세상의 부패를 막고
창조 세계의 아름다움을 보존해야 할 책임이 있습니다.

또한 예수님은 구제에 대한 올바른 자세도 가르치셨습니다.

오른손이 하는 것을 왼손이 모르게 은밀하게 구제하라고 하셨습니다.

자기만족적인 허영심을 버리고 쉼 없이 구제에 힘써야 합니다.

그리스도인이 의(義)를 행함에 있어서

사람에게 보이려고 의를 행치 않도록 해야 합니다.

이렇듯 그리스도인들은 이 땅의 보물에 집착하지 말고 영원하고
거룩한 주님 나라를 위해 자신의 소유를 의롭게 사용할 줄 알아야 합니다.

이러한 가르침을 잘 이행하는 것이 주님을 기쁘시게 하는 것입니다.

오늘 배운 내용 효 실천 원칙을 잘 활용하면 부모님이 기뻐하십니다(마 5:13-16).

꿈이룸코칭
워크북 코칭가이드

꿈이룸코칭은 지도사를 위한 본책 1권과 학생(자녀, 제자)을 위한 워크북 4권으로 출판되었습니다.
본 도서를 읽으신 분께서는 꼭 워크북 4권을 가지고 함께 공부하고 나누는 시간을 가지시길 바랍니다.
본 워크북 코칭가이드는 그에 대한 해답지이니 참고바랍니다.

워크북 해답서
지은이 김성범

꿈이룸코칭 1권
코칭가이드

꿈이룸코칭 2권
코칭가이드

꿈이룸코칭 3권
코칭가이드

꿈이룸코칭 4권
코칭가이드

18쪽 좋은 사람은?

지도사는 인터넷이나 사전 등을 통하여 좋은 사람에 대하여 준비하고, '본 단원 좋은 사람이 되려면' 내용을 다 함께 읽게 합니다.

가능하면 지도사가 생각한 답을 주지 말고, 아이들이 생각한 답을 손 마이크를 대주어 읽게 하며, 지도사가 큰소리로 읽어주어 다른 친구들이 듣고 도움되도록 이끕니다.(17쪽 참조)

19쪽 꿈돌이 학교는 꿈돌이(곰), 꾀돌이(여우), 창의력 달팽이 등 아이들이 3역의 말풍선을 만들고 발표하도록 지도합니다.(14쪽, 15쪽 참조) 그리고 꿈돌이 학교 제목을 생각하고 쓰도록 도와줍니다. 발표는 날자 및 이 시간 이후 실천 사항을 적은 학생에게 우선권을 줍니다.

발표방법은?

안녕하십니까? 저는 000학교 다니는 000입니다. 지금부터 000에 대해서 발표하겠습니다. 발표 후~ 지금까지 저의 발표(의견)를 들어주셔서 감사합니다. 박수를 유도합니다.

20쪽 어떤 사람이 훌륭하다고 생각하는가?

지도사가 훌륭한 분들을 나열해 줍니다. 예)이순신장군 세종대왕 등 나라를 위해 수고하신 분들, 남을 배려하는 사람 등등

21쪽 꿈돌이 학교는 꿈돌이(곰), 꾀돌이(여우), 창의력 달팽이 등 아이들이 3역의 말풍선을 만들고 발표하도록 지도합니다.(14쪽, 15쪽 참조) 그리고 꿈돌이 학교 제목을 생각하고 쓰도록 도와줍니다. 발표는 날자 및 이 시간 이후 실천 사항을 쓴 학생에게 우선권을 줍니다.

22쪽 당당함이란 무엇인지 내 생각을 적어보자.

지도사가 당당함과 비슷한 단어를 열거해 줌으로 아이들의 생각을 이끌어 냅니다. 예를 들어 떳떳함, 스스로 잘못이나 부끄러움이 없음을 말함 등 스스로 자신감을 키우는 것이 당당함이라고 지도합니다.

23쪽 꿈돌이 학교는 꿈돌이(곰), 꾀돌이(여우), 창의력 달팽이 등 아이들이 3역의 말풍선을 만들고 발표하도록 지도합니다.(14쪽, 15쪽 참조) 그리고 '꿈돌이 학교 제목'을 생각하고 쓰도록 도와줍니다. 발표는 날자 및 이 시간 이후 실천 사항을 쓴 학생에게 우선권을 줍니다.

24쪽 당당한 모습을 말해보자.
당당한 모습은 할 일을 다 하고 노는 것, 발표 잘하는 것 등이 있다고 지도합니다.
당당한 나의 생각 말하기에서는 내용을 생각해서 쓰도록 도와주고 다 쓴 친구들부터 나와서 큰소리로 읽도록 합니다. 인사는 원칙을 지키도록 지도합니다.

25쪽 꿈돌이 학교는 꿈돌이(곰), 꾀돌이(여우), 창의력 달팽이 등 아이들이 3역의 말풍선을 만들고 발표하도록 지도합니다.(14쪽, 15쪽 참조) 그리고 '꿈돌이 학교 제목'을 생각하고 쓰도록 도와줍니다. 발표는 날자 및 이 시간 이후 실천 사항을 쓴 학생에게 우선권을 줍니다.

26족 장벽 제거
본 단원은 그럭저럭 내용은 무엇들이 있는지 생각하고 쓰도록 합니다.
핵심은 자신의 그럭저럭을 찾게 하는 것이 중요합니다.

27쪽 꿈돌이 학교는 꿈돌이(곰), 꾀돌이(여우), 창의력 달팽이 등 아이들이 3역의 말풍선을 만들고 발표하도록 지도합니다.(14쪽, 15쪽 참조) 그리고 '꿈돌이 학교 제목'을 생각하고 쓰도록 도와줍니다. 발표는 날자 및 이 시간 이후 실천 사항을 쓴 학생에게 우선권을 줍니다. 캐릭터가 둘만 있을 때는 학생 자신이 임의로 만들어서 사용해도 무방합니다.

28쪽 꿈과 희망을 선포하는 나
본 단원을 시작하기에 앞서 지도사는 희망에 대한 충분한 이야기를 들려주어 희망을 가지도록 이끕니다. 이어서 자신이 하고 싶은 일을 적도록 합니다. 먼저 쓴 내용 한 문

꿈이룸코칭 1권
코칭가이드

꿈이룸코칭 2권
코칭가이드

꿈이룸코칭 3권
코칭가이드

꿈이룸코칭 4권
코칭가이드

장을 큰 소리로 읽도록 하여, 모두가 듣고 공유하도록 합니다.

29쪽 꿈돌이 학교는 꿈돌이(곰), 꾀돌이(여우), 창의력 달팽이 등 아이들이 3역의 말풍선을 만들고 발표하도록 지도합니다.(14쪽, 15쪽 참조) 그리고 '꿈돌이 학교 제목'을 생각하고 쓰도록 도와줍니다. 발표는 날자 및 이 시간 이후 실천 사항을 쓴 학생에게 우선권을 줍니다.

30쪽 훌륭한 나
본 단원은 가능하면 1주, 1달 안에 이루고 싶은 것을 찾도록 지도합니다.
지도사가 이루었던 경험담을 들려주게 되면, 학생들의 생각을 이끌어 내는 데 도움이 됩니다.

31쪽 꿈돌이 학교는 꿈돌이(곰), 꾀돌이(여우), 창의력 달팽이 등 아이들이 3역의 말풍선을 만들고 발표하도록 지도합니다.(14쪽, 15쪽 참조) 그리고 '꿈돌이 학교 제목'을 생각하고 쓰도록 도와줍니다. 발표는 날자 및 이 시간 이후 실천 사항을 쓴 학생에게 우선권을 줍니다.

32쪽 친구와 나의 장. 단점 찾기
장. 단점을 찾을 때에는 집에서, 학교에서, 친구 사이에서, 자신 속에서 찾도록 지도합니다. 그리고 잘하는 것, 좋아하는 것, 할 수 있는 것, 계획 한 것 등은 모두 장점임을 지도합니다.

33쪽 꿈돌이 학교는 꿈돌이(곰), 꾀돌이(여우), 창의력 달팽이 등 아이들이 3역의 말풍선을 만들고 발표하도록 지도합니다.(14쪽, 15쪽 참조) 그리고 '꿈돌이 학교 제목'을 생각하고 쓰도록 도와줍니다. 발표는 날자 및 이 시간 이후 실천 사항을 쓴 학생에게 우선권을 줍니다.
그리고 캐릭터가 둘만 있을 때는 학생 자신이 임의로 만들어서 사용해도 무방합니다.

34쪽 좋은 습관 다섯 가지를 쓰고 발표해 보자.

좋은 습관을 찾고 발표문은 한 가지 이상을 선택하여 발표문을 만들도록 코치합니다. 먼저 준비된 친구들부터 발표를 시킵니다. 또한, 항상 잘했다고 칭찬을 해서 사기진 작을 시켜야 합니다.

35쪽 꿈돌이 학교는 꿈돌이(곰), 꾀돌이(여우), 창의력 달팽이 등 아이들이 3역의 말 풍선을 만들고 발표하도록 지도합니다.(14쪽, 15쪽 참조) 그리고 '꿈돌이 학교 제목' 을 생각하고 쓰도록 도와줍니다. 발표는 날자 및 이 시간 이후 실천 사항을 쓴 학생에 게 우선권을 줍니다.

36쪽 나의 다짐쓰기

그동안 배운 내용을 바탕으로 가장 인상 깊었던 내용을 가지고 제목을 먼저 만들도록 하고, '꿈이룸코칭' 다짐서를 쓰도록 지도합니다. 글 쓰는 방법은 내용에 대한 과거의 나(나쁜 습관), 현재의 나(배운 내용과 느낀 점), 미래의 나(앞으로 실천하고 싶은 내용)를 쓰고 발표하게 합니다.

37쪽 꿈돌이 학교는 꿈돌이(곰), 꾀돌이(여우), 창의력 달팽이 등 아이들이 3역의 말 풍선을 만들고 발표하도록 지도합니다.(14쪽, 15쪽 참조) 그리고 '꿈돌이 학교 제목' 을 생각하고 쓰도록 도와줍니다. 발표는 날짜 및 이 시간 이후 실천 사항을 쓴 학생에 게 우선권을 줍니다. 그리고 그동안 배운 '이 시간 이후 실천할 내용'을 모두 쓰도록 하고 소감 발표를 시킵니다.

38쪽 역할 및 관계를 아는 나

부모님, 웃어른과 나의 관계를 알아보는 시간을 가집니다. 그리고 부모님에게 고마운 점을 열 가지씩 쓰도록 지도하고 돌아가면서 먼저 쓴 내용을 큰소리로 읽도록 유도합 니다. 지도사는 말한 내용을 모두가 듣도록 큰 소리로 받아 읽어줍니다.

39쪽 꿈돌이 학교는 꿈돌이(곰), 꾀돌이(여우), 창의력 달팽이 등 아이들이 3역의 말풍선을 만들고 발표하도록 지도합니다.(14쪽, 15쪽 참조) 그리고 '꿈돌이 학교 제목'을 생각하고 쓰도록 도와줍니다. 발표는 날짜 및 이 시간 이후 실천 사항을 쓴 학생에게 우선권을 줍니다.

40쪽 부모님이 기뻐하시는 일들
부모님이 기뻐하시는 일들을 적게 하고 모두 발표하도록 지도합니다. 발표방법은 "안녕하십니까? 저는 000학교 다니는 000입니다. 지금부터 부모님을 기쁘게 하는 십계명을 발표하겠습니다. 지금까지 저의 발표(의견)를 들어주셔서 감사합니다."인사를 하게 한 후 박수를 쳐줍니다.

41쪽 꿈돌이 학교는 꿈돌이(곰), 꾀돌이(여우), 창의력 달팽이 등 아이들이 3역의 말풍선을 만들고 발표하도록 지도합니다.(14쪽, 15쪽 참조) 그리고 '꿈돌이 학교 제목'을 생각하고 쓰도록 도와줍니다. 발표는 날짜 및 이 시간 이후 실천 사항을 쓴 학생에게 우선권을 줍니다.

42쪽 내 생각 선포하기
내용을 모두 적도록 지도하고 발표 방법대로 발표하게 합니다.

43쪽 꿈돌이 학교는 꿈돌이(곰), 꾀돌이(여우), 창의력 달팽이 등 아이들이 3역의 말풍선을 만들고 발표하도록 지도합니다.(14쪽, 15쪽 참조) 그리고 '꿈돌이 학교 제목'을 생각하고 쓰도록 도와줍니다. 발표는 날짜 및 이 시간 이후 실천 사항을 쓴 학생에게 우선권을 줍니다.

44쪽 선생님 친구, 나 자신의 관계를 알아보자.
단답형(좋은 관계)보다는 다양한 생각을 하도록 지도합니다. 건강한 관계, 질문을 많이 하고 전화도 하는 관계 등(1번에서 5번까지는 충분히 숙지)을 지도하시기 바랍니다. 특히 스승과 선생님의 차이를 구체적으로 이해하도록 지도합니다. 스승은 큰

깨달음을 주신 분, 기억에 오래 남아 계는 선생님 등)

45쪽 꿈돌이 학교는 꿈돌이(곰), 꾀돌이(여우), 창의력 달팽이 등 아이들이 깨달은 점을 3역의 대화로 말풍선을 만들고 발표하도록 지도합니다.(14쪽, 15쪽 참조) 그리고 '꿈돌이 학교 제목'을 생각하고 쓰도록 도와줍니다. 발표는 날짜 및 이 시간 이후 실천 사항을 적은 학생에게 우선권을 줍니다.

46쪽 선생님 친구, 나 자신의 관계 6)~10)까지 알아보자.
역시 단답형(좋은 관계)보다는 다양한 생각을 하도록 지도합니다. 건강한 관계, 질문을 많이 하고 전화도 하는 관계 등(6번에서 10번까지는 충분히 숙지)을 지도하시기 바랍니다.

47쪽 꿈돌이 학교는 꿈돌이(곰), 꾀돌이(여우), 창의력 달팽이 등 아이들이 깨달은 점을 3역의 대화로 말풍선을 만들고 발표하도록 지도합니다.(14쪽, 15쪽 참조) 그리고 '꿈돌이 학교 제목'을 생각하고 쓰도록 도와줍니다. 발표는 날짜 및 이 시간 이후 실천 사항을 쓴 학생에게 우선권을 줍니다.

48쪽 인성 분야
예절 바른 사람들 조사하기와 질서는 무엇이며 어떻게 지켜야 하나 등의 내용을 충분히 숙지하시고 재미있게 지도합니다. 특히 무단횡단이 기초질서의 첫걸음임을 강조하여 지도합니다.

49쪽 꿈돌이 학교는 꿈돌이(곰), 꾀돌이(여우), 창의력 달팽이 등 아이들이 깨달은 점을 3역의 대화로 말풍선을 만들고 발표하도록 지도합니다.(14쪽, 15쪽 참조) 그리고 '꿈돌이 학교 제목'을 생각하고 쓰도록 도와줍니다. 발표는 날짜 및 이 시간 이후 실천 사항을 쓴 학생에게 우선권을 줍니다.

꿈이룸코칭 1권
코칭가이드

꿈이룸코칭 2권
코칭가이드

꿈이룸코칭 3권
코칭가이드

꿈이룸코칭 4권
코칭가이드

50쪽 올바른 태도를 가지려면?

태도가 어른이 되어서 직장을 구할 때 핵심가치임을 지도합니다. 대기업에 시험 합격했더라도 태도가 안 좋으면 불합격된다는 점을 지도합니다. TV에서 정치인들의 태도를 예를 들면 도움이 될 듯합니다.

51쪽 꿈돌이 학교는 꿈돌이(곰), 꾀돌이(여우), 창의력 달팽이 등 아이들이 깨달은 점을 3역의 대화로 말풍선을 만들고 발표하도록 지도합니다.(14쪽, 15쪽 참조) 아이들은 그림만 보아도 이야기 제목이 떠오릅니다. 칭찬만 해주십시오. '꿈돌이 학교 제목'을 적도록 하고, 발표는 날짜 및 이 시간 이후 실천 사항을 쓴 학생에게 우선권을 줍니다.

52쪽 본분이 무엇인지 바로 알자

때와 시기에 중요성을 지도합니다. 학생으로서 무슨 일을 할 때가 있다는 점을 지도합니다. 다양한 의견을 공유하고 발표하도록 지도합니다. 지도사는 아이들이 발표할 때, 사진이나 동영상을 찍어서 카톡에 담아 가정으로 보내면 좋아하십니다.

53쪽 꿈돌이 학교는 꿈돌이(곰), 꾀돌이(여우), 창의력 달팽이 등 아이들이 깨달은 점을 3역의 대화로 말풍선을 만들고 발표하도록 지도합니다.(14쪽, 15쪽 참조) 아이들은 그림만 보아도 이야기 제목이 떠오릅니다. 칭찬만 해주십시오. '꿈돌이 학교 제목'을 적도록 하고, 발표는 날짜 및 이 시간 이후 실천 사항을 쓴 학생에게 우선권을 줍니다.

54쪽 나의 본분과 효도계획 세우기

본문 내용을 다 같이 여러 번 읽게 하고, 공부의 중요성, 시간의 배분, 플래너 쓰기 중요성 등을 지도합니다. 그리고 5가지를 큰소리로 발표하게 합니다.

55쪽 꿈돌이 학교는 꿈돌이(곰), 꾀돌이(여우), 창의력 달팽이 등 아이들이 깨달은 점을 3역의 대화로 말풍선을 만들고 발표하도록 지도합니다.(14쪽, 15쪽 참조) 아이들은 그림만 보아도 이야기 제목이 떠오릅니다. 칭찬만 해주십시오. '꿈돌이 학교 제목'을 적도록 하고, 발표는 날짜 및 이 시간 이후 실천 사항을 쓴 학생에게 우선권을 줍니다.

56쪽 부모님을 기쁘게 하는 효를 배워보자.
본문 내용 10가지를 함께 생각하고 대화합니다. 특히 1), 2), 3,) 4), 8)번을 중점적으로 생각을 공유합니다.

57쪽 꿈돌이 학교는 꿈돌이(곰), 꾀돌이(여우), 창의력 달팽이 등 아이들이 깨달은 점을 3역의 대화로 말풍선을 만들고 발표하도록 지도합니다.(14쪽, 15쪽 참조) 아이들은 그림만 보아도 이야기 제목이 떠오릅니다. 칭찬만 해주십시오. '꿈돌이 학교 제목'을 적도록 하고, 발표는 날짜및 이 시간 이후 실천 사항을 쓴 학생에게 우선권을 줍니다.

58쪽 효에 대한 소감문을 적어보자
효도에 관련된 단어들을 생각하게 하고, 특히 앞 단원에서 배운 내용을 바탕으로 글을 쓰게 합니다. 본 장의 그림과 내용은 무단 횡단을 일깨워 주는 내용입니다.

59쪽 '꿈이룸코칭' 1권을 마치며
를 지도하면서는 첫 단원부터 끝까지 모두 다시 훑어보기를 하게 한 후, 글을 쓰도록 하고 '꿈이룸코칭' 1권을 마치며 발표를 유도합니다. 가능하면 사진이나, 동영상을 찍고 부모님과 함께 공유합니다.

18쪽 역량 강화를 위해 노력하는 나

지도사는 준비에 대한 중요성을 깨닫게 하고 준비는 곧 '자신감'이라는 점을 인식시킵니다. 그리고 메모습관의 중요성 또한 일깨워줍니다.

가능하면 지도사가 생각한 답을 주지 말고, 아이들이 생각한 답을 손 마이크를 대주어 읽게 하고 지도사가 큰소리로 읽어주어서 다른 친구들이 듣고 도움이 되도록 이끕니다.(17쪽 참조)

19쪽 꿈돌이 학교는 꿈 토끼(토끼), 꼬북이(거북이), 돌봄이(까마귀) 등 아이들이 3역의 말풍선을 만들고 발표하도록 지도합니다.(14쪽, 15쪽 참조) 그리고 꿈돌이 학교 제목을 생각하고 적도록 도와줍니다. 발표는 날짜 및 꿈돌이 학교 소감문, 오늘의 실천 원칙을 쓴 학생에게 우선권을 줍니다.

발표방법은?

안녕하십니까? 저는 000학교 다니는 000입니다. 지금부터 000에 대해서 발표하겠습니다. 발표 후~ 지금까지 저의 발표(의견)를 들어주셔서 감사합니다. 박수를 유도합니다.

20쪽 책임성 있는 행동이 준비된 자를 만든다.

지도사는 멘토들이 각 환경에서의 책임 있는 행동들을 찾게 한 후, 친구들의 생각을 공유하도록 아이가 말한 내용을 큰소리로 읽어줍니다.

21쪽 꿈돌이 학교는 꿈 토끼(토끼), 꼬북이(거북이), 돌봄이(까마귀) 등 아이들이 3역의 말풍선을 만들고 발표하도록 지도합니다.(14쪽, 15쪽 참조) 그리고 꿈돌이 학교 제목을 생각하고 적도록 도와줍니다. 발표는 날짜 및 꿈돌이 학교 소감문, 오늘의 실천 원칙을 쓴 학생에게 우선권을 줍니다.

22쪽 계획 단계 우선순위

지도사가 우선순위의 뜻이 무엇인지와 옆의 그림 중 모래, 자갈, 큰 돌을 어떻게 하면 모두 다 병속에 넣을 수 있는지 힌트를 주어 아이들의 생각을 이끌어 냅니다. 그리고 빈칸을 모두 적게 한 다음, 실천다짐서를 3줄 정도 쓰게 하고 발표하도록 이끕니다.

23쪽 꿈돌이 학교는 꿈 토끼(토끼), 꼬북이(거북이), 돌봄이(까마귀) 등 아이들이 3역의 말풍선을 만들고 발표하도록 지도합니다.(14쪽, 15쪽 참조) 그리고 꿈돌이 학교 제목을 생각하고 적도록 도와줍니다. 발표는 날짜 및 꿈돌이 학교 소감문, 오늘의 실천 원칙을 쓴 학생에게 우선권을 줍니다.

24쪽 신나는 생활 계획 및 플래너 활용

지도사는 플래너의 중요성을 숙지하고 플래너는 일기장이 아닌 계획 장임을 강조합니다. 계획 장은 무슨 일을 하기 전에 준비하는 것이 중요하다는 점을 지도합니다. 그리고 목록, 즉 해야 할 일을 찾도록 함에 있어, 미뤄 왔던 일, 잊고 있었던 일, 해야 할 일들을 생각하여 적도록 합니다. 그런 다음, 먼저 해야 할 것의 순서를 왼쪽 네모 칸에 체크하도록 지도합니다. 가운데 네모 칸은 그 할 일에 대하여 완료, 진행, 연기를 표기하는 칸입니다. 가장 중요한 것은 하지 못한 일의 내용을 다음날 목록에 기록하는 것입니다.

25쪽 꿈돌이 학교는 소감문을 적고 발표하도록 이끌어 줍니다. 이 또한 발표는 날짜 및 이 시간 이후 실천사항을 쓴 학생에게 우선권을 줍니다.

26족 지식 및 지혜

본 단원은 창의성에 대한 내용입니다. 창의성은 어떤 일에 관심을 두거나, 선배들과의 대화 및 책을 많이 읽게 되면 생긴다고 지도합니다.

27쪽 꿈돌이 학교는 꿈 토끼(토끼), 꼬북이(거북이), 돌봄이(까마귀) 등 아이들이 3역의 말풍선을 만들고 발표하도록 지도합니다.(14쪽, 15쪽 참조) 그리고 꿈돌이 학교 제목을 생각하고 적도록 도와줍니다. 발표는 날짜 및 꿈돌이 학교 소감문, 오늘의 실천 원칙을 쓴 학생에게 우선권을 줍니다.

꿈이룸코칭 1권
코칭가이드

**꿈이룸코칭 2권
코칭가이드**

꿈이룸코칭 3권
코칭가이드

꿈이룸코칭 4권
코칭가이드

28쪽 책 읽기와 신문 일기의 중요성
본 단원은 먼저 준한 한 장씩을 나누어주고, 마음에 드는 제목을 적게 한 다음, 단어 20개를 찾아 적도록 지도합니다.

29쪽 꿈돌이 학교는 꿈 토끼(토끼), 꼬북이(거북이), 돌봄이(까마귀) 등 아이들이 3역의 말풍선을 만들고 발표하도록 지도합니다.(14쪽, 15쪽 참조) 그리고 꿈돌이 학교 제목을 생각하고 적도록 도와줍니다. 발표는 날짜 및 꿈돌이 학교 소감문, 오늘의 실천 원칙을 적은 학생에게 우선권을 줍니다.
발표방법은?
안녕하십니까? 저는 000학교 다니는 000입니다. 지금부터 000에 대해서 발표하겠습니다. 발표 후~ 지금까지 저의 발표(의견)를 들어주셔서 감사합니다. 박수를 유도합니다.

30쪽 극복을 위해 힘쓰는 나
본 단원은 참을성에 대해서 다 함께 읽도록 하고 지도사가 이루었던 경험담을 들려주게 되면 학생들의 생각을 이끌어 내는 데 도움이 됩니다.
31쪽 꿈돌이 학교는 꿈 토끼(토끼), 꼬북이(거북이), 돌봄이(까마귀) 등 아이들이 3역의 말풍선을 만들고 발표하도록 지도합니다.(14쪽, 15쪽 참조) 그리고 꿈돌이 학교 제목을 생각하고 적도록 도와줍니다. 발표는 날짜 및 꿈돌이 학교 소감문, 오늘의 실천 원칙을 쓴 학생에게 우선권을 줍니다.

32쪽 자립심을 키우면 환자서도 잘해요
독립심과 자립심이 무엇인지 핸드폰 사전에서 찾아 큰소리로 읽게 하여 서로 공유합니다. 핵심은 독립심은 미래의 것을 말하고, 자립심을 현재의 것을 말한다고 할 수 있습니다.

33쪽 꿈돌이 학교는 꿈 토끼(토끼), 꼬북이(거북이), 돌봄이(까마귀) 등 아이들이 3역의 말풍선을 만들고 발표하도록 지도합니다.(14쪽, 15쪽 참조) 그리고 꿈돌이 학

교 제목을 생각하고 적도록 도와줍니다. 발표는 날짜 및 꿈돌이 학교 소감문, 오늘의
실천 원칙을 쓴 학생에게 우선권을 줍니다.

34쪽 혼자서도 잘해요

혼자서 해야 하는 이유와 할 수 있는 일, 동기 등을 적게 한 다음, 먼저 쓴 학생 것을
큰소리로 읽게 한 다음, 지도사는 반복하여 복창해 줍니다.
35쪽 꿈돌이 학교는 꿈 토끼(토끼), 꼬북이(거북이), 돌봄이(까마귀) 등 아이들이 3
역의 말풍선을 만들고 발표하도록 지도합니다.(14쪽, 15쪽 참조) 그리고 꿈돌이 학
교 제목을 생각하고 적도록 도와줍니다. 발표는 날짜 및 꿈돌이 학교 소감문, 오늘의
실천 원칙을 쓴 학생에게 우선권을 줍니다.

36쪽 극복 관리

한 친구를 선정하여 극복이라는 단어를 핸드폰 사전에서 찾아서 크게 읽도록 지도합
니다. 모두 따라 쓰도록 여러 번 읽어줍니다. 극복해본 경험과 소감을 쓰고 발표하도
록 지도합니다.

37쪽 꿈돌이 학교는 꿈 토끼(토끼), 꼬북이(거북이), 돌봄이(까마귀) 등 아이들이 3
역의 말풍선을 만들고 발표하도록 지도합니다.(14쪽, 15쪽 참조) 그리고 꿈돌이 학
교 제목을 생각하고 적도록 도와줍니다. 발표는 날짜 및 꿈돌이 학교 소감문, 오늘의
실천 원칙을 쓴 학생에게 우선권을 줍니다.

38쪽 역할 및 관계를 아는 나

부모님, 웃어른과 나의 관계를 알아보는 시간을 가집니다. 그리고 부모님에게 고마운
점을 열 가지 씩 적도록 지도하고 돌아가면서 먼저 쓴 내용을 큰소리로 읽도록 유도
합니다. 지도사는 말한 내용을 모두가 듣도록 큰 소리로 받아 읽어줍니다.

39쪽 꿈돌이 학교는 꿈 토끼(토끼), 꼬북이(거북이), 돌봄이(까마귀) 등 아이들이 3
역의 말풍선을 만들고 발표하도록 지도합니다.(14쪽, 15쪽 참조) 그리고 꿈돌이 학

꿈이룸코칭 1권
코칭가이드
꿈이룸코칭 2권
코칭가이드
꿈이룸코칭 3권
코칭가이드
꿈이룸코칭 4권
코칭가이드

교 제목을 생각하고 적도록 도와줍니다. 발표는 날짜 및 꿈돌이 학교 소감문, 오늘의 실천 원칙을 쓴 학생에게 우선권을 줍니다.

40쪽 집중력
꿈이룸코칭 5원칙을 반복하여 숙지하도록 지도합니다. 그 의미들을 14쪽, 15쪽을 펼쳐서 큰소리로 읽도록 합니다. 또한 나의 다짐을 적도록 하고 발표시킵니다.

41쪽 꿈돌이 학교는 꿈 토끼(토끼), 꼬북이(거북이), 돌봄이(까마귀) 등 아이들이 3역의 말풍선을 만들고 발표하도록 지도합니다.(14쪽, 15쪽 참조) 그리고 꿈돌이 학교 제목을 생각하고 적도록 도와줍니다. 발표는 날짜 및 꿈돌이 학교 소감문, 오늘의 실천 원칙을 쓴 학생에게 우선권을 줍니다.

42쪽 분량중심 학습 집중력 배우기
집중력의 뜻을 찾아서 읽게 하고 다 함께 쓰도록 지도합니다. 또한 훑어보기의 중요성을 일깨워 주어야합니다. 훑어보기는 반복 학습의 중요성 때문입니다. 필기한 노트를 훑어보고, 메모장을 자주 훑어보게 합니다. 그리고 꼭 외워야 하는 문장들을 자주 훑어보도록 지도합니다.

43쪽 꿈돌이 학교는 꿈 토끼(토끼), 꼬북이(거북이), 돌봄이(까마귀) 등 아이들이 3역의 말풍선을 만들고 발표하도록 지도합니다.(14쪽, 15쪽 참조) 그리고 꿈돌이 학교 제목을 생각하고 적도록 도와줍니다. 발표는 날짜 및 꿈돌이 학교 소감문, 오늘의 실천 원칙을 쓴 학생에게 우선권을 줍니다.

44쪽 분량 중심과 시간 중심 학습법 배우기
시간 중심 학습은 시간만을 정해놓고 하는 학습법이고 분량 중심 학습법은 공부할 양(즉 범위)를 정해 놓고 하는 학습법입니다. 두 가지 비교에서의 예는 책 읽기, 공부 등이 있습니다. 여기에서 양 중심학습을 할 경우가 집중력뿐만 아니라, 학습 효율도 훨씬 좋습니다.

45쪽 꿈돌이 학교는 꿈 토끼(토끼), 꼬북이(거북이), 돌봄이(까마귀) 등 아이들이 3
역의 말풍선을 만들고 발표하도록 지도합니다.(14쪽, 15쪽 참조) 그리고 꿈돌이 학
교 제목을 생각하고 적도록 도와줍니다. 발표는 날짜 및 꿈돌이 학교 소감문, 오늘의
실천 원칙을 쓴 학생에게 우선권을 줍니다.

46쪽 꿈이룸코칭 2권을 마치며
소감을 쓰도록 지도하며, 배우기 전의 생각, 배운 내용들, 그리고 앞으로 나의 각오 등
을 기록하고 발표하도록 지도합니다. 발표는 먼저 쓴 친구에게 우선권을 주지만, 여
러 명이 발표하고자 할 때는 가위바위보로 결정하여 발표하게 합니다. 주의할 점은
인사와 목소리 등, 발표 원칙을 따라 하도록 지도합니다. 특히 발표하는 모습을 사진,
동영상을 찍어 부모님께 보내 주는 것도 좋은 방법이 됩니다.

18쪽 정직과 자신감을 중요하게 여기는 나

지도사는 자신감의 원칙을 먼저 읽어보고 준비는 곧 '자신감'이라는 점을 인식시킵니다. 그리고 한 줄 내 생각의 중요성 또한 일깨워줍니다.

가능하면 지도사가 생각한 답을 주지 말고, 아이들이 생각한 답을 손 마이크를 대주어 읽게 하며 지도사가 큰소리로 읽어주어서 다른 친구들이 듣고 도움 되도록 이끈다.(17쪽 참조)

19쪽에 꿈돌이 학교는 꿈숭이(원숭이), 청돌이(청개구리), 창징어(오징어)등 아이들이 3역의 말풍선을 만들고 발표하도록 지도합니다.(14쪽, 15쪽 참조) 그리고 꿈돌이 학교 제목을 생각하고 적도록 도와줍니다. 발표는 날짜 및 꿈돌이 학교 소감문, 오늘의 실천 원칙을 쓴 학생에게 우선권을 줍니다.

발표방법은?

안녕하십니까? 저는 000학교 다니는 000입니다. 지금부터 000에 대해서 발표하겠습니다. 발표 후~ 지금까지 저의 발표(의견)를 들어주셔서 감사합니다. 박수를 유도합니다.

20쪽 사랑하기 격려하기 체험

지도사라면 당연하지 게임을 알 것입니다. 멘토들이 미리 빈칸을 작성하도록 하고 2명씩 짝을 만들어 나와서 게임을 하도록 지도합니다. 게임 후 소감문을 작성하게 한 후 발표하도록 이끌어주고 박수와 칭찬 격려는 아끼지 말아야 합니다.

21쪽에 꿈돌이 학교는 꿈숭이(원숭이), 청돌이(청개구리), 창징어(오징어)등 아이들이 3역의 말풍선을 만들고 발표하도록 지도합니다.(14쪽, 15쪽 참조) 그리고 꿈돌이 학교 제목을 생각하고 적도록 도와줍니다. 발표는 날짜 및 꿈돌이 학교 소감문, 오늘의 실천 원칙을 쓴 학생에게 우선권을 줍니다.

22쪽 '감사합니다 게임'을 짝꿍과 해 보자
지도사가 앞의 당연하지 게임과 동일한 방법으로 미리 작성하게 하고 분위기를 고조 시킵니다. 긍정과 부정을 중요성을 일깨워주는 것도 도움이 됩니다.

23쪽에 꿈돌이 학교는 꿈숭이(원숭이), 청돌이(청개구리), 창징어(오징어)등 아이들 이 3역의 말풍선을 만들고 발표하도록 지도합니다.(14쪽, 15쪽 참조) 그리고 꿈돌이 학교 제목을 생각하고 적도록 도와줍니다. 발표는 날짜 및 꿈돌이 학교 소감문, 오늘 의 실천 원칙을 쓴 학생에게 우선권을 줍니다.

24쪽 실행력
지도사는 시간의 중요성을 지도하고 아래 빈칸을 채우도록 이끌어 줍니다. 전과 마찬 가지로 먼저 작성한 친구들에게 손 마이크를 대어주어 큰소리로 읽게 하고 큰소리로 복창해 주어서 다른 친구들이 공유하도록 이끕니다. 또한 실행계획 다짐서를 작성하 게 하고 발표하도록 돕습니다. 발표는 원칙을 반드시 지켜야 합니다.

25쪽 꿈돌이 학교는 꿈숭이(원숭이), 청돌이(청개구리), 창징어(오징어)등 아이들이 3역의 말풍선을 만들고 발표하도록 지도합니다.(14쪽, 15쪽 참조) 그리고 꿈돌이 학 교 제목을 생각하고 적도록 도와줍니다. 발표는 날짜 및 꿈돌이 학교 소감문, 오늘의 실천 원칙을 쓴 학생에게 우선권을 줍니다.

26쪽 약속 계획을 세우고 선포하기
본 단원은 약속의 중요성에 대한 내용입니다. 예문을 다 같이 읽고 빈칸을 작성하게 합 니다. 그리고 그 약속을 소재로 삼아 아래의 소감문을 작성하고 발표하도록 이끕니다.

27쪽 꿈돌이 학교는 꿈숭이(원숭이), 청돌이(청개구리), 창징어(오징어)등 아이들이 3역의 말풍선을 만들고 발표하도록 지도합니다.(14쪽, 15쪽 참조) 그리고 꿈돌이 학 교 제목을 생각하고 적도록 도와줍니다. 발표는 날짜 및 꿈돌이 학교 소감문, 오늘의 실천 원칙을 쓴 학생에게 우선권을 줍니다.

28쪽 목표관리 계획세우기

본 단원은 본 단원은 미뤄 왔던 것, 잊고 있었던 일, 그리고 해야 할 일들을 적게 하고 그중에 가장 중요하게 생각하는 내용 한 가지를 목록 란에 쓰게 한 다음, 이유와 방법을 적게 한 후 발표하도록 합니다.

29쪽 꿈돌이 학교는 꿈숭이(원숭이), 청돌이(청개구리), 창징어(오징어)등 아이들이 3역의 말풍선을 만들고 발표하도록 지도합니다.(14쪽, 15쪽 참조) 그리고 꿈돌이 학교 제목을 생각하고 적도록 도와줍니다. 발표는 날짜 및 꿈돌이 학교 소감문, 오늘의 실천 원칙을 쓴 학생에게 우선권을 줍니다.

발표방법은?

안녕하십니까? 저는 000학교 다니는 000입니다. 지금부터 000에 대해서 발표하겠습니다. 발표 후~ 지금까지 저의 발표(의견)를 들어주셔서 감사합니다. 박수를 유도합니다.

30쪽 계획을 그림으로 표현해 보자

본 단원은 계획의 중요성과 지도사의 경험담을 들려주면 좋습니다. 그리고 그림으로 표현하거나, 글로 표현하도록 이끌고 발표하도록 도와줍니다.

31쪽 꿈돌이 학교는 꿈숭이(원숭이), 청돌이(청개구리), 창징어(오징어)등 아이들이 3역의 말풍선을 만들고 발표하도록 지도합니다.(14쪽, 15쪽 참조) 그리고 꿈돌이 학교 제목을 생각하고 적도록 도와줍니다. 발표는 날짜 및 꿈돌이 학교 소감문, 오늘의 실천 원칙을 쓴 학생에게 우선권을 줍니다.

32쪽 칭찬

긍정과 부정의 다른 점을 서로 공유하고, 긍정의 말에 대한 중요성을 5가지를 적도록 지도하고 발표하도록 이끕니다. 항상 친구들의 생각을 공유하도록 이끌어주는 것이 본 코칭의 핵심입니다.

33쪽 꿈돌이 학교는 꿈숭이(원숭이), 청돌이(청개구리), 창징어(오징어)등 아이들이 3역의 말풍선을 만들고 발표하도록 지도합니다.(14쪽, 15쪽 참조) 그리고 꿈돌이 학교 제목을 생각하고 적도록 도와줍니다. 발표는 날짜 및 꿈돌이 학교 소감문, 오늘의 실천 원칙을 쓴 학생에게 우선권을 줍니다.

34쪽 칭찬에도 방법이 있다.
지도사는 칭찬의 중요성과 칭찬 종류에 대해서 알고 있어야 합니다. 본 '꿈이룸코칭' 교재를 읽어보면 자세히 나와 있습니다. 칭찬의 종류는 자화자찬 방법, 상대방 칭찬법, 대중 앞 칭찬법, 릴레이 칭찬법 등이 있습니다. 그중에 상대방 칭찬하기를 짝꿍과 찾아보도록 지도합니다.

35쪽 꿈돌이 학교는 꿈숭이(원숭이), 청돌이(청개구리), 창징어(오징어)등 아이들이 3역의 말풍선을 만들고 발표하도록 지도합니다.(14쪽, 15쪽 참조) 그리고 꿈돌이 학교 제목을 생각하고 적도록 도와줍니다. 발표는 날짜 및 꿈돌이 학교 소감문, 오늘의 실천 원칙을 쓴 학생에게 우선권을 줍니다.

36쪽 대화의 종류
지도사는 바람직한 대화 즉 긍정 대화와 불성실한 비속어 등은 찾아 적어보도록 합니다. 중요한 것은 아이들 세계 속에서의 대화가 더욱 중요하다. 함께 나누고 기록하도록 지도합니다.

37쪽 꿈돌이 학교는 꿈숭이(원숭이), 청돌이(청개구리), 창징어(오징어)등 아이들이 3역의 말풍선을 만들고 발표하도록 코칭 합니다.(14쪽, 15쪽 참조) 그리고 꿈돌이 학교 제목을 생각하고 적도록 도와줍니다. 발표는 날짜 및 꿈돌이 학교 소감문, 오늘의 실천 원칙을 쓴 학생에게 우선권을 줍니다.

38쪽 협력을 얻어내는 대화 방법 배우기

부모님께 도움을 얻고자 하면 부모님을 도와 드리거나, 할 일을 제때에 하는 습관을 가지는 것이 중요합니다. 지도사는 부모님께 부탁하고 싶은 한 가지를 설정하게 하고 그 부탁 과정을 글로 쓰고 발표하도록 이끕니다.

39쪽에 꿈돌이 학교는 꿈숭이(원숭이), 청돌이(청개구리), 창징어(오징어)등 아이들이 3역의 말풍선을 만들고 발표하도록 지도합니다.(14쪽, 15쪽 참조) 그리고 꿈돌이 학교 제목을 생각하고 적도록 도와줍니다. 발표는 날짜 및 꿈돌이 학교 소감문, 오늘의 실천 원칙을 쓴 학생에게 우선권을 줍니다.

40쪽 역할 미션

지도사는 용기 있는 행동에 대한 경험담을 들려주고, 아이들이 어떠한 이야기를 말하더라도 격려와 칭찬을 아끼지 말아야 합니다.

41쪽 꿈돌이 학교는 꿈숭이(원숭이), 청돌이(청개구리), 창징어(오징어)등 아이들이 3역의 말풍선을 만들고 발표하도록 지도합니다.(14쪽, 15쪽 참조) 그리고 꿈돌이 학교 제목을 생각하고 적도록 도와줍니다. 발표는 날짜 및 꿈돌이 학교 소감문, 오늘의 실천 원칙을 쓴 학생에게 우선권을 줍니다.

42쪽 역할의 종류와 나의 역할 배우기

지도사는 역할이란 단어를 충분히 숙지하고 해야 할 일에 대해서 최선을 다하도록 지도합니다. 가정에서의 역할, 학교에서의 역할, 그리고 자신의 미래에 대한 역할을 기록하게 하고 발표하도록 이끕니다.

43쪽 꿈돌이 학교는 꿈숭이(원숭이), 청돌이(청개구리), 창징어(오징어)등 아이들이 3역의 말풍선을 만들고 발표하도록 지도합니다.(14쪽, 15쪽 참조) 그리고 꿈돌이 학교 제목을 생각하고 적도록 도와줍니다. 발표는 날짜 및 꿈돌이 학교 소감문, 오늘의 실천 원칙을 쓴 학생에게 우선권을 줍니다.

44쪽 당당한 꿈 리더 선포하는 나

실천해본 경험 찾게 하고 그 경험을 글로 쓰게 합니다. 실패한 경험도 기록하게 합니다. 그리고 미래에 당당한 리더 후보임을 선포하게 합니다.

45쪽 꿈돌이 학교는 꿈숭이(원숭이), 청돌이(청개구리), 창징어(오징어)등 아이들이 3역의 말풍선을 만들고 발표하도록 지도합니다.(14쪽, 15쪽 참조) 그리고 꿈돌이 학교 제목을 생각하고 적도록 도와줍니다. 발표는 날짜 및 꿈돌이 학교 소감문, 오늘의 실천 원칙을 쓴 학생에게 우선권을 줍니다.

46쪽 '꿈이룸코칭' 3권을 마치며

소감을 쓰도록 지도하며, 배우기 전의 생각, 배운 내용들, 그리고 앞으로 나의 각오 등을 기록하고 발표하도록 지도합니다. 발표는 먼저 쓴 친구에게 우선권을 주지만, 여러 명이 발표하고자 할 때는 가위바위보로 결정하여 발표하게 합니다. 주의할 점은 인사와 목소리 등, 발표 원칙을 따라 하도록 지도합니다. 특히 발표하는 모습을 사진, 동영상을 찍어 부모님께 보내 주는 것도 좋은 방법이 됩니다.

18쪽 협동을 생활화하는 나-1

지도사는 배려에 대한 중요성을 깨닫게 하고 좋은 일, 궂은일을 자주 하라고 지도합니다. 궂은일은 남들이 하기 꺼리는 일들입니다.

가능하면 지도사가 생각한 답을 주지 말고, 아이들이 생각한 답을 손 마이크를 대주어 읽게 하고 지도사가 큰소리로 도움이 되도록, 다른 친구들이 듣고 도움 되도록 이끕니다.(17쪽 참조)

19쪽에 본 4권은 캐릭터가 없습니다. 그동안 1권-3권까지 캐릭터를 바탕으로 말풍선을 글로 쓰게 한 다음 발표하도록 이끕니다. 그리고 배려에 대한 소감문을 쓰고 발표하도록 지도해도 무방합니다. 글 끝 부분에 공부한 날짜와 이름, 사인 등을 써넣도록 지도합니다.

발표방법은?

안녕하십니까? 저는 000학교 다니는 000입니다. 지금부터 000에 대해서 발표하겠습니다. 발표 후~ 지금까지 저의 발표(의견)를 들어주셔서 감사합니다. 박수를 유도합니다.

20쪽 꿈이룸코칭 노트

지도사는 아이들이 '꿈이룸코칭' 노트 활용의 중요성을 일깨워주고 아이들이 작성한 계획을 발표하도록 이끌어 줍니다.

21쪽 '꿈이룸코칭' 노트를 작성한 소감과 활용 다짐을 기록하고 발표하도록 도와줍니다. 발표는 먼저 쓴 아이를 발표하게 하여 생각을 공유하도록 지도합니다.

22쪽 협동을 생활화하는 나-2

지도사는 앞서 지도한 배려에 대한 생각을 정리하도록 이끌어 주며, 49:51법칙을 자세히 설명해 줍니다. 49:51 법칙은 인터넷 사전에도 나와 있는 법칙입니다.

23쪽 본 4권은 캐릭터가 없습니다. 그동안 1권-3권까지 캐릭터를 바탕으로 말풍선을 글로 쓰게 한 다음 발표하도록 이끕니다. 그리고 배려에 대한 소감문을 쓰고 발표하도록 지도해도 무방합니다. 글 끝 부분에 공부한 날짜와 이름, 사인 등을 써넣도록 지도합니다.

24쪽 꿈이룸코칭 노트
지도사는 아이들이 '꿈이룸코칭' 노트 활용의 중요성을 일깨워주고 아이들이 작성한 계획을 발표하도록 이끌어 줍니다.

25쪽 '꿈이룸코칭' 노트를 작성한 소감과 활용 다짐을 기록하고 발표하도록 도와줍니다. 발표는 먼저 쓴 아이를 발표하게 하여 생각을 공유하도록 지도합니다.

26족 협동을 생활화하는 나-3
본 단원은 나눔과 봉사에 대한 내용입니다. 봉사했던 경험을 적게 하고 발표하도록 지도합니다.

27쪽 본 4권은 캐릭터가 없습니다. 그동안 1권-3권까지 캐릭터를 바탕으로 말풍선을 글로 쓰게 한 다음 발표하도록 이끕니다. 그리고 봉사와 나눔에 대한 소감문을 쓰고 발표하도록 지도해도 무방합니다. 글 끝 부분에 공부한 날짜와 이름, 사인 등을 써넣도록 지도합니다.

28쪽 꿈이룸코칭 노트
지도사는 아이들이 '꿈이룸코칭' 노트 활용의 중요성을 일깨워주고 아이들이 작성한 계획을 발표하도록 이끌어 줍니다.

29쪽 '꿈이룸코칭' 노트를 작성한 소감과 활용 다짐을 기록하고 발표하도록 도와줍니다. 발표는 먼저 쓴 아이를 발표하게 하여 생각을 공유하도록 지도합니다.

발표방법은?

안녕하십니까? 저는 OOO학교 다니는 OOO입니다. 지금부터 OOO에 대해서 발표하겠습니다. 발표 후~ 지금까지 저의 발표(의견)를 들어주셔서 감사합니다. 박수를 유도합니다.

30쪽 협동을 생활화하는 나-4

본 단원은 재활용에 대한 내용입니다. 가정에서, 학교에서의 재활용에 대해서 이야기 하도록 지도합니다.

31쪽 본 4권은 캐릭터가 없습니다.

그동안 1권-3권까지 캐릭터를 바탕으로 말풍선을 글로 쓰게 한 다음 발표하도록 이끕니다. 그리고 재활용에 대한 소감문을 쓰고 발표하도록 지도해도 무방합니다. 글 끝 부분에 공부한 날짜와 이름, 사인 등을 써넣도록 지도합니다.

32쪽 꿈이룸코칭 노트

지도사는 아이들이 '꿈이룸코칭' 노트 활용의 중요성을 일깨워주고 아이들이 작성한 계획을 발표하도록 이끌어 줍니다.

33쪽 '꿈이룸코칭' 노트를 작성한 소감과 활용 다짐을 기록하고 발표하도록 도와줍니다. 발표는 먼저 쓴 아이를 발표하게 하여 생각을 공유하도록 지도합니다.

34쪽 더불어 함께

본 단원은 더불어 살아가는 사회의 중요성을 일깨워주는 단원입니다. 꿈이룸코칭 5 원칙 중 3번째 원칙 박수의 의미를 일깨워주는 단원입니다. 14, 15쪽을 다 함께 읽도록 지도합니다.

35쪽 본 4권은 캐릭터가 없습니다.

그동안 1권-3권까지 캐릭터를 바탕으로 말풍선을 글로 쓰게 한 다음 발표하도록 이끕니다. 그리고 더불어 함께에 대한 소감문을 쓰고 발표하도록 지도해도 무방합니다. 글 끝 부분에 공부한 날짜와 이름, 사인 등을 써넣도록 지도합니다.

36쪽 꿈이룸코칭 노트
지도사는 아이들이 '꿈이룸코칭' 노트 활용의 중요성을 일깨워주고 아이들이 작성한 계획을 발표하도록 이끌어 줍니다.

37쪽 '꿈이룸코칭' 노트를 작성한 소감과 활용 다짐을 기록하고 발표하도록 도와줍니다. 발표는 먼저 쓴 아이를 발표하게 하여 생각을 공유하도록 지도합니다.

38쪽 주변 사람 챙기기
본 단원은 주변사람을 챙기기에 대한 내용입니다. 또한 당당한 꼬마에 대해서 선포하도록 지도합니다.

39쪽 본 4권은 캐릭터가 없습니다. 그동안 1권-3권까지 캐릭터를 바탕으로 말풍선을 글로 쓰게 한 다음 발표하도록 이끕니다. 가능하면 도와줄 환경에 대한 소감을 쓰고 발표하게 합니다. 글 끝 부분에 공부한 날짜와 이름, 사인 등을 써넣도록 지도합니다.

40 꿈이룸코칭 노트
지도사는 아이들이 '꿈이룸코칭' 노트 활용의 중요성을 일깨워주고 아이들이 작성한 계획을 발표하도록 이끌어 줍니다.

41쪽 '꿈이룸코칭' 노트를 작성한 소감과 활용 다짐을 기록하고 발표하도록 도와줍니다. 발표는 먼저 쓴 아이를 발표하게 하여 생각을 공유하도록 지도합니다.

42쪽 책임 있게 행동 하는 나
지도사는 당당한 주인공이 되는 법을 지도하고 모든 내용을 함께 공유하도록 지도합니다.

43쪽 본 4권은 캐릭터가 없습니다. 그동안 1권-3권까지 캐릭터를 바탕으로 말풍선을 글로 쓰게 한 다음 발표하도록 이끕니다. 그리고 당당한 주인공에 대한 소감문을 쓰고 발표하도록 지도해도 무방합니다. 글 끝 부분에 공부한 날짜와 이름, 사인 등을 써 넣도록 지도합니다.

44 꿈이룸코칭 노트
지도사는 아이들이 '꿈이룸코칭' 노트 활용의 중요성을 일깨워주고 아이들이 작성한 계획을 발표하도록 이끌어 줍니다.

45쪽 '꿈이룸코칭' 노트를 작성한 소감과 활용 다짐을 기록하고 발표하도록 도와줍니다. 발표는 먼저 쓴 아이를 발표하게 하여 생각을 공유하도록 지도합니다.

46쪽 이 세상의 주인공은 누구일까?
지도사는 아이들이 내가 보는 나와, 남이 보는 나를 생각하게 하고 글로 적도록 돕습니다. 그리고 자신에 대한 소중함을 글로 쓰도록 이끌어줍니다.

47쪽 본 4권은 캐릭터가 없습니다. 그동안 1권-3권까지 캐릭터를 바탕으로 말풍선을 글로 쓰게 한 다음 발표하도록 이끕니다. 그리고 주인공에 대한 소감문을 쓰고 발표하도록 지도해도 무방합니다. 글 끝 부분에 공부한 날짜와 이름, 사인 등을 써넣도록 지도합니다.

48쪽 꿈이룸코칭 노트
지도사는 아이들이 '꿈이룸코칭' 노트 활용의 중요성을 일깨워주고 아이들이 작성한 계획을 발표하도록 이끌어 줍니다.

49쪽 '꿈이룸코칭' 노트를 작성한 소감과 활용 다짐을 기록하고 발표하도록 도와줍니다. 발표는 먼저 쓴 아이를 발표하게 하여 생각을 공유하도록 지도합니다.

50쪽 이 세상의 주인공은 누구일까?
지도사는 아이들이 역할극을 체험하게 하고 그 소감을 쓰도록 이끌고 발표하게 하여
생각을 공유하도록 지도한다.

51쪽 본 4권은 캐릭터가 없습니다. 그동안 1권-3권까지 캐릭터를 바탕으로 말풍선을
글로 쓰게 한 다음 발표하도록 이끕니다. 그리고 역할극에 대한 소감문을 쓰고 발표
하도록 지도해도 무방합니다. 글 끝 부분에 공부한 날짜와 이름, 사인 등을 써넣도록
지도합니다.

52쪽 꿈이룸코칭 노트
지도사는 아이들이 '꿈이룸코칭' 노트 활용의 중요성을 일깨워주고 아이들이 작성한
계획을 발표하도록 이끌어 줍니다.

53쪽 '꿈이룸코칭' 노트를 작성한 소감과 활용 다짐을 기록하고 발표하도록 도와줍
니다. 발표는 먼저 쓴 아이를 발표하게 하여 생각을 공유하도록 지도합니다.

54쪽 경험의 중요성
지도사는 아이들이 경험의 종류 2가지를 설명하고, 그 이유를 쓰게 한 다음 발표를
하도록 지도합니다.

55쪽 본 4권은 캐릭터가 없습니다. 그동안 1권-3권까지 캐릭터를 바탕으로 말풍선을
글로 쓰게 한 다음 발표하도록 이끕니다. 그리고 경험에 대한 소감문을 쓰고 발표하
도록 지도해도 무방합니다. 글 끝 부분에 공부한 날짜와 이름, 사인 등을 써넣도록 지
도합니다.

56쪽 꿈이룸코칭 노트
지도사는 아이들이 '꿈이룸코칭' 노트 활용의 중요성을 일깨워주고 아이들이 작성한
계획을 발표하도록 이끌어 줍니다.

57쪽 '꿈이룸코칭' 노트를 작성한 소감과 활용 다짐을 기록하고 발표하도록 도와줍니다. 발표는 먼저 쓴 아이를 발표하게 하여 생각을 공유하도록 지도합니다.

58쪽 새로운 경험 시도해 보기
지도사는 본 단원은 미래에 대한 내용이며 그 경험을 미리 체험해본 가정글로 적도록 지도합니다. 또한 발표를 하게 하여 생각을 공유하게 합니다.

59쪽 본 4권은 캐릭터가 없습니다. 그동안 1권-3권까지 캐릭터를 바탕으로 말풍선을 글로 쓰게 한 다음 발표하도록 이끕니다. 그리고 새로운 경험에 대한 소감문을 쓰고 발표하도록 지도해도 무방합니다. 글 끝 부분에 공부한 날짜와 이름, 사인 등을 써 넣도록 지도합니다.

60쪽 꿈이룸코칭 노트
지도사는 아이들이 '꿈이룸코칭' 노트 활용의 중요성을 일깨워주고 아이들이 작성한 계획을 발표하도록 이끌어 줍니다.

61쪽 '꿈이룸코칭' 노트를 작성한 소감과 활용 다짐을 기록하고 발표하도록 도와줍니다. 발표는 먼저 쓴 아이를 발표하게 하여 생각을 공유하도록 지도합니다.

62쪽 능력 발휘
지도사는 믿음과 신뢰에 대해서 충분히 숙지하고 공란을 채우도록 이끌어 줍니다.
또한 부모님께 믿음과 신뢰를 드릴 수 있는 내용을 적게 하고 발표하도록 지도합니다.

63쪽 본 4권은 캐릭터가 없습니다. 그동안 1권-3권까지 캐릭터를 바탕으로 말풍선을 글로 쓰게 한 다음 발표하도록 이끕니다. 그리고 믿음과 신뢰에 대한 소감문을 쓰고 발표하도록 지도해도 무방합니다. 글 끝 부분에 공부한 날짜와 이름, 사인 등을 써넣도록 지도합니다.

64쪽 꿈이룸코칭 노트
지도사는 아이들이 '꿈이룸코칭' 노트 활용의 중요성을 일깨워주고 아이들이 작성한
계획을 발표하도록 이끌어 줍니다.

65쪽 '꿈이룸코칭' 노트를 작성한 소감과 활용 다짐을 기록하고 발표하도록 도와줍
니다. 발표는 먼저 쓴 아이를 발표하게 하여 생각을 공유하도록 지도합니다.

66쪽 나의 능력 알아보고 역량 발휘하기
지도사는 역량이란 뜻이 무엇인지 충분히 숙지하고 아래 빈칸을 채우도록 도와줍니
다. 또한 앞으로 역량을 발휘하고 싶은 내용을 적게 하고 발표를 통하여 친구들과 생
각을 공유하게 합니다.

67쪽 본 4권은 캐릭터가 없습니다. 그동안 1권-3권까지 캐릭터를 바탕으로 말풍선을
글로 쓰게 한 다음 발표하도록 이끕니다. 그리고 역량 발휘에 대한 소감문을 쓰고 발
표하도록 지도해도 무방합니다. 글 끝 부분에 공부한 날짜와 이름, 사인 등을 써넣도
록 지도합니다.

68쪽 꿈이룸코칭 노트
지도사는 아이들이 '꿈이룸코칭' 노트 활용의 중요성을 일깨워주고 아이들이 작성한
계획을 발표하도록 이끌어 줍니다.

69쪽 꿈이룸코칭 4권을 마치며
소감을 쓰도록 지도하며, 배우기 전의 생각, 배운 내용들, 그리고 앞으로 나의 각오 등
을 기록하고 발표하도록 지도합니다. 발표는 먼저 쓴 친구에게 우선권을 주지만, 여
러 명이 발표하고 자 할 때는 가위바위보로 결정하여 발표하게 합니다. 주의할 점은
인사와 목소리 등, 발표 원칙을 따라 하도록 지도합니다. 특히 발표하는 모습을 사진,
동영상을 찍어 부모님께 보내 주는 것도 좋은 방법이 됩니다.